U0138728

資 優 教 育
——課程與教學

毛 連 塭 著

五南圖書出版公司 印行

第一章

緒　論

- ⊙資優教育課程的涵義
- ⊙資優教育課程的內涵
- ⊙資優教育課程的基礎

第 *1* 節　*資優教育課程的涵義*

一、課程的意義

「課程」一詞，西文原意是「跑馬道」的意思，今以騎士經由跑馬道而達到終點來說明學習者經由課程的提供而達成學習目標。有了好的課程，學習者才能順利有效的達成學習目標。正如好的騎士要有好的跑馬道才能快速的到達終點一樣。可知課程對於學習者的重要性。

英國心理學家斯賓塞（Herbert Spencer）曾提出「何種知識最有價值」的問題，他的答案是：科學。此處所謂科學，是指學門而言，也就是對世界的一般看法。

費尼克斯（Phenix, 1986）認為學門（discipline）就是對世界的一種有組織、具學術性的看法。一種學門有其特定的研究對象和特定的研究方法，使有別於其他學門。

從中外教育文獻來看，「課程」一詞很早就被使用，但在定義上則眾說紛紜，莫衷一是。就課程的對象言，(1)視課程為教學科目、教學指引、作業材料，以及視聽教具的結合體。(2)視課程為規劃者為達到預期目標所設計的教育內容，(3)視課程為學生在校內的一切活動，包括課外活動、自治活動。就課程的範圍言，

(1)課程是指畢業或結業所修的一個有系統的學科之過程或組合體。(2)課程是指學校應提供學生，使其藉此能結業、畢業或進入專業或職業領域之教材內容，或特定教材的一個完整通盤計畫。(3)課程乃指學生在學校輔導下，獲得有計畫的內容或經驗的一種歷程。就課程的類型言，課程分為正式課程、觀念課程和潛在課程。歸納來說，對於課程的看法大約可以分成下列四類：

1. 課程乃是見諸文字的學校學習科目和其他教材；

2. 課程乃是授予學生的教材；

3. 課程乃是學校所提供的科目；

4. 課程乃是學習者在學校指導下所安排的各種經驗。

上述四種課程定義中，前三者都以科目和教材來界定課程，失之狹窄，第四種定義包括課程內容和教學活動在內。因課程的設計乃在將經驗做適當的安排，實無法排除教學設計和教學方法。此外，也應包括全部學校活動和服務在內，如圖書館、衛生保健、集會、午餐供應和遠足等。惟上述四者都無法充分說明課程的涵意。Hass, Bondi & Wiles（1974）認為：課程乃是每位學習者在教育學程（program of education）中所有的各種經驗，這種教育管理乃是依據學程規劃（program planning）時所採用的理論和研究架構或過去和現在的實際經驗加以有計畫的安排。析言之，上述定義可以分別說明如後：

1. 課程是經過預先計畫安排的。

2. 與社會趨力、人類發展、學習以及知識有關的計畫目標和理論應指導這種預先計畫安排的課程，不論在學區、學校、班級、小組或個人。

3.通常教師會比其他各級課程設計人員更了解學生。教師的教學計畫乃是課程設計的主要部分。因其對學生有重大影響。惟在設計教學活動時，仍應把握有計畫的教學目標，因為這些教學目標是依據社會、成長、發展、學習和知識等課程基礎的理論和研究結果所訂定的。

4.對每一位學生而言，真正的課程乃是他在教育學程（program of education）中參與學習活動和分享學習心得的各種經驗。

5.此種定義強調教育學程（program of education）而非學校方案（program of schooling），故應重視個別學生的獨特性，教學不限於學校，整個學區都是教育場所，所以也應重視各學區的獨特性和差異性。因此，教師教學設計的責任加重了，他必須能夠依據課程的基礎和標準來從事教學活動設計的專業決定。

歸納言之，隨著時代的進步，人類逐漸累積了許多的經驗而成為寶貴的文化材。課程的本質就是將這些有寶貴經驗的文化材加以有系統、有組織的分類，而成一門學問或學科。所以，課程的原意是指科目，也是課程的狹義意義。近年來，由於人類經驗的快速累積，知識爆炸性的劇增，學習經驗的複雜已非「科目」所能涵蓋，學習的活動也非只限學校範圍內所能完成。因此，課程的意義更由「科目」而發展成為：「在學校安排下所進行的一切有組織、有系統、有意義的校內外學習經驗或活動」。

綜上所述，課程可說是學習者從事學習活動的學習內容。然而學習內容能否被學習者有效學習，學習活動必然和學習內容的

關聯性密不可分。有學習內容而無學習活動則無法產生有效學習，有學習活動而無學習內容則成為空虛學習，徒勞無功。所以學習內容和學習活動二者應成為課程的重要成分。

學習活動包括學習的進程和學習時所採用的方法，甚至包括活動時間的安排、活動場地的佈置和輔教器材的提供，故在教學活動設計時應包括前述事項。尤其強調有計畫、有順序、有系統、有組織的安排，使學生能有效地進行目標導向的學習。

近年來，學者專家對課程的觀念已有若干的改變。過去比較強調課程是為學生設計好的途徑，必須依此前進，才能達到目標。目前，則採取比較彈性的看法，認為課程只是提供一種學習活動的架構，教師應依據學生需求和教學情境活用課程。課程目標並非預先決定的，教師應依學生個別的能力、需求和特性決定不同的目標，選取不同的方法和途徑，適用不同的教材與達到目標之不同水準。尤其強調德、智、體、羣、美五育均衡發展之教學基本目標之達成。

二、資優教育課程的需要性

一個國家的強弱，常視該國是否有豐富的資源而定。所謂豐富資源，應包括物質資源和人力資源二種。有豐富的物質資源而無優秀的人力資源，則物質資源無法開發，以提高生活品質，如果藉助於其他國家的人力資源，則往往經濟大權操之於他人之手，甚至政治大權也都難於自主。反之，如果有豐富而卓越的人力資源，雖然在物質缺乏的情況，也可能利用他人的原始物質，

運用其無限的智慧，化腐朽為神奇，而達到巧奪天工、出神入化的境界，人民因而富足，國家因而強盛。所以人力資源的開發和利用至為重要。

人之有智愚正如礦之有優劣一樣。品質優良的礦產，如果埋在地下而未能加以開採，則完全失去效用，若能加以開發，且加以精鍊，必能發揮最大作用，造福人羣。人力資源的開發亦然。資賦優異的人才，如果沒有被發現而加以教育、培養、磨練，則可能無法發揮其最大潛能，「為千萬人服務，造千萬人之福。」甚至如果輔導不當，其對於人類的禍害，可能千百倍於普通人。可知開發「人礦」至為重要。可是，自古以來不知有多少資優人才由於缺乏適當的教育安排，以致被埋沒了，這是人類資源的最大浪費。

資優兒童是否需要資優課程，正如資優兒童是否需要資優教育的爭論一樣，曾經引起資優教育界不少的討論。在資優教育未發達之前，資優兒童並沒有接受所謂的資優教育服務，但是，歷史上卻出現不少傑出人才。有些甚至在最困苦的生活情境下和最不利的教育環境下成長，卻仍能脫穎而出，因此，許多人並不主張為資優者提供特殊的資優教育服務，他們甚至認為這種措施有悖於社會民主化和教育均等化的原則。同樣地，對於資優教育課程的提供，學者也有不同的看法。有些專家學者認為一般學校為普通兒童所提供的課程乃是人類數千年生活經驗精華的累積，是所有兒童必須學習的，普通兒童由於能力所限，難於在有限的學校受教期間全部吸取。資優兒童只要能夠以其優異的資賦，獲得前人累積的經驗，然後加以融會貫通，推陳出新，便是未來社會

有用之才。在資優教育未發展之前，資優兒童和普通兒童一齊受教，其課程也自然沒有兩樣。即使在古代私塾，以個別教學研究為主要方式的時代，其課程內容也沒有不同，只是因個人智能的不同，學習的接受，而有不同的進度而已。尤有甚者，對於非主要學習課程的特殊才能者，不但不予鼓勵，反而給予壓抑或排斥。

另一派學者主張資優兒童應有特殊資優教育課程。他們認為資優兒童在資質上是不同於普通兒童，因此，為普通兒童所安排的普通課程往往無法滿足其智能上的需要，一般學校所安排的教學活動，也無法發揮其最大潛能，易言之，為滿足其需要並發展其最大潛能，必須針對資優兒童的特性來調整或增改普通課程。不論資優兒童參與特殊的資優教育計畫，或混合於普通班級之中，這種修改的普通課程對他們都有好處。其次，資優兒童在智能上、社會情緒上，以及發展上有其獨特性，為滿足其特殊需求，有時必須設計特殊課程，才能達到因材施教的資優教育的目的。

三、資優教育課程的涵義

如上所述，課程乃是在學校安排下的一切有組織、有系統、有意義的校內外學習經驗和學習活動，則資優教育課程可以界定為「學校為資優兒童所安排的一切有組織、有系統、有意義的校內外學習經驗和學習活動。」學校為協助資優生發展最大潛能，必須安排許多學習經驗，這些學習經驗大多可在學校內完成，但

是也需許多校外的學習活動，以補充校內活動之不足。而且這些
學習經驗必須有教育的意義，而非與資優生的成長發展無關的，
甚至妨害資優生成長發展者都不應列入教育經驗的範圍。為使資
優生有效學習，必須將這些教育經驗加以有組織、有系統的設
計，有些以正式課程呈現，有些則以潛在課程的方式呈現。又由
於資優生和普通學生有其共同之處和相異之處。所以學校所安排
的學習經驗，除普通課程外，尚須特殊課程，以滿足資優生的特
殊需要。

　　柯瑞明（Cremin）在其《課程編製（Curriculum Building）》
一書中認為課程應包括「學校的正式課程」、「學校的潛在課
程」，和「社會課程」。所謂「社會課程」是指社會上許多具有
教育意義的活動，對學生有更直接更有效的影響，其價值和地位
不亞於「學校課程」（司琦，民78）。此種理念，和巴索
（Passow, 1987）的看法非常相近。巴索認為資優教育課程應涵
蓋一般普通課程、資優特殊課程、潛在課程，和課外課程（ex-
tra curriculum）四大領域。所謂一般普通課程和資優特殊課程
相當於柯瑞明（Cremin）的學校正式課程；所謂課外課程則相
當於柯瑞明的「社會課程」。至於潛在課程則二者均表重視。茲
圖示如下：（見下頁圖1-1）

　　許多人在討論資優兒童教育時，常常過度強調普通課程的弊
病，其實，如前所述，普通課程乃是前人生活經驗精華的累積，
也是適應社會生活和學校學習所必須的基本能力。今天，我們都
生活在標準化的社會中，學生必須通過某些考試，並具有某些基
本能力，才能攀登教育和生計的階梯。所以，不應該忽視一般普

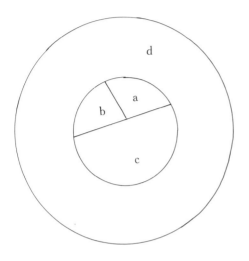

a＝一般普通課程
b＝資優特殊課程
c＝潛在課程
a＋b＝學校正式課程
a＋b＋c＝學校資優課程整體
d＝社會課程
a＋b＋c＋d＝資優課程整體

圖 1-1　資優教育課程之全貌

通課程。阮汝禮（Renzulli, 1977）認為資優兒童仍應重視普通
課程的理由有二：(1)學生必須具備某些基本能力才能有效地適應
其社會生活和文化；(2)這些能力的獲得，必須盡可能在快樂且相
關的氣氛中進行。巴索（Passow, 1987）在〈資優教育的問題與
趨勢〉一文中也強調普通課程應和特殊課程同等重視。如果資優
兒童未能獲得基本能力，或因成績欠佳而無法升入適當中學或大
學，則問題將是相當嚴重。因此，我們似乎不必太過份苛責或排
斥一般普通課程，反之，仍應使普通課程和特殊課程相輔相成，
經由資優教育計畫，使普通課程獲得改進，使學生生活經驗更加
充實。

　　資優兒童有其異於普通兒童之獨特性，故資優教育目標也有
其特殊性。為引導這些具有獨特性的資優兒童朝向具有特殊性的

資優教育目的，當然需要有特殊設計的資優教育課程。而特殊資優課程又可以稱之為適異性資優課程（differential gifted curriculum）（Maker, 1982）。其課程設計的形式包括下列幾類：

1. 修改普通課程而成立特殊資優課程。此種課程調整使資優兒童得以和普通兒童一同學習，又可以滿足其特殊需要。

2. 針對不同類別的特殊兒童設計不同重點的特殊資優課程。例如一般資優兒童、音樂資優兒童、美術資優和舞蹈資優兒童的課程重點將有所差異。一般資優兒童著重在普通能力的培養，音樂、美術和舞蹈資優兒童則各著重在音樂、美術和舞蹈能力的培養。課程重點將有所不同。

3. 針對不同課程領域設計不同的課程。例如語文領域的資優課程將不同於數學的資優課程，其他如社會、自然、音樂等不同領域在設計資優課程時，必將個別加以考慮。

4. 依據特殊主題設計特殊資優課程，例如：環保、民主生活等。

基本上，資優兒童也是一位兒童，其和普通兒童相同之處大於相異之處。所以，為普通兒童所設計的普通課程也可適用於資優兒童。只是在課程內容和學習方法上稍有不同而已。

當然，資優兒童和普通兒童並非完全一致。資優兒童不僅在資優的領域上超過其他兒童，在學習上也有其特殊的特性。所以除了普通課程外，尚須資優課程才能滿足其特殊的需求。

由於資優兒童具有優異潛能和廣泛的學習興趣，所以除了學校所安排的課程外，尚須一些課外課程以增廣其學習領域。

資優兒童的廣泛興趣、豐富情感、成熟的見識，以及敏銳的

思考力常常無法滿足於學校的正式課程，所以潛在課程成為資優教育的重要環境。

　　資優課程既然是在學校有計畫、有系統的安排下的一切有組織的學習經驗。則應包括校內和校外、正課和課外、正式和非正式，以及普通和特殊的學習經驗，其重點在於(1)在學校安排下，(2)有計畫有系統的安排，(3)有組織的學習經驗。而非只是學校所教授的各類科目而已。

　　圖 1-2 表示資優課程的概念架構。資優課程應包括普通課程和特殊課程。二者均應涵蓋課內外課程，以及顯著和潛在課程。

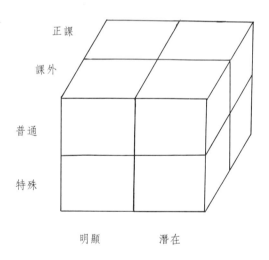

圖 1-2　資優教育課程的概念架構

　　所謂特殊課程，也就是梅克爾所說的適異性課程。資優教育的課程設計都強調適異性課程，其主要假設是資優兒童所需之課

程往往在普通課程中被忽略了，因此，需要在品質上不同於普通課程之特殊課程。其實，與其想要發現普通課程中缺少了哪些資優生所需之課程要素，不如將普通課程融入資優教育特殊課程之中。因為普通課程中已涵蓋資優生最有價值的知識。這並不否定資優的特殊性，而是說普通課程中的某些知識對所有兒童都是最重要的。只是在大班教學的情況下，資優兒童無法有效學習這些普通課程，或無法得到應有的效果。

　　資優兒童的思考能力和思考方式並不異於普通兒童。只是他可以更能有效的來操作學術性符號。故資優教育應強調知性內容。普通課程強調課程基本能力，資優課程則應強調卓越性，以發揮其最大潛能。資優生有其特殊能力、特性和需求，普通課程並不能完全滿足其需求。需要配合特殊設計或安排的適異性課程（differential curriculum）才能發展其特殊潛能，或符合其特殊需求。梅克爾（1982）認為適異性課程應包括內容、過程、結果和環境等方面的調整。若採用普通課程時，可在上述四方面加以調整或修改，以符合資優生的特殊需求。若係新設計的資優課程，則可依梅克爾（Maker, 1982）所提出的二十五項原則來設計課程。請參考梅克爾著，毛連塭等編譯的《資優教學模式》和《資優教育課程發展》。「適異」不同於隔離，資優生需要不同於普通課程的「適異」性課程，而不是資優生和普通學生相隔離而造成差異。

　　當然，適異性課程並不一定要以特殊單獨的課程方式呈現。普通課程如加以修改調整，仍然可以成為適合資優教育的適異性課程。其修改調整的方式可以參考梅克爾（Maker, 1982）在《資

優教學模式》一書所提出四大類二十五項原則處理。通常可以歸納為下列三種方式：(1)以現有課程內容為基礎，做加深加廣的試探；(2)超乎現有課程內容之上的充實活動；(3)以新的理念來解釋課程內的原有概念。（參閱下頁表 1-1）

此外，適異性課程可以特殊單獨的課程呈現。其方式包括(1)加速或晉階課程，(2)提昇課程內容的複雜度，(3)超越普通課程之外，(4)依學生興趣選擇課程，(5)強調抽象概念，(6)提供更多的學習資源，(7)創造力的培養，(8)增加課程內容的深度，(9)重視學習結果的遷移和應用，(10)強調人格成長，(11)構思新的原理原則，(12)發展高層思考能力，(3)培養研究技能和方法。梅克爾所提出的二十五項課程修改調整原則也可用以設計特殊課程，使符合適異性課程的要求。

為適應特殊資優生的個別差異，資優教育工作者也特別為資優生設計個別化教育方案（IEP），以配合整合課程之使用。不過，較適當的方式應是安置資優生於普通課程中的適當位置，而非設計許多課程以期適合資優生的需要。

雖然特殊才能兒童和普通資優兒童在特質上有許多共通處，但是在課程設計上應考慮二者之差異。高智商兒童可以加速方案實施，他們可以在四、五年內完成小學六年的課程。同時，適合於高智商兒童的課程也通常適合於成就測驗分數在二個標準差以上的學童，即使其智商並非屬於資優範圍。但是，就另一方面來說，為普通學術性向優異學生所設計的課程，對於只有一科特優而其他科目及智商中等的兒童並不適用。

表 1-1　適異性課程架構

超越類	內　容	過　程	成　果	評　量
種類	合乎資優生需求、能力、興趣、和期望之廣域主題知識（包括事實、概念、通則和理論等）	(1)基本思考技能 (2)探究模式 (3)個別化模式 (4)學習技能	(1)創造的 (2)動態的 (3)卓越的 (4)統整的 (5)預期的 (6)認知發展 (7)情意發展	(1)教師評量 (2)合作評量 　①師生 　②同儕 　③學生和社區資源人物
廣度	(1)範圍的擴散 (2)科際整合 (3)普遍化的	(1)增加思考的複雜度（特殊化模式和高級思考技能的獲得和應用） (2)更精進 (3)人際互動	(1)創造性的 (2)推論的 (3)相依的 (4)參與的 (5)貢獻的	合作評量——包括師生、同儕和學生與社區之合作
深度	(1)集中焦點 (2)高度興趣 (3)強烈承諾 (4)特殊化	(1)深度思考 (2)自我引導 (3)原則性	(1)自我實現 (2)相互切磋	自評、反省
速度	依能力、程度、興趣決定之	依基本過程技能獲得程度而定	能獨立解決思考問題	延續性的合作做評量和自評

第 2 節　資優教育課程的內涵

一、基本內涵

　　資優課程應包括(1)概念發展，(2)內容知識，(3)過程技能，(4)成果等四方面（如圖1-3）。資優教育主要在發展資優生重要概念。重要概念包含在內容知識中，透過內容知識的學習形成重要概念。也透過過程技能的學習獲得內容知識和重要概念。重要概念是由內容知識之抽象化而得的。而抽象化的過程也是一種過程技能。最後的成果展現可能是個別的，也可能是綜合的。易言

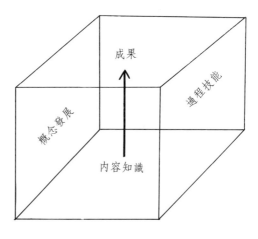

圖1-3　資優教育課程之內涵

之，學習的成果可能單獨展現某一概念（如族羣），或某種過程
技能（如問題解決），或某些內容知識（如生物知識等）。也可
能綜合了內容知識、過程技能和重要概念。

這種課程領域的架構，對資優生和普通學生都適用。二者有
重疊之處（如圖1-4）。故資優教育工作者首先要注意(1)普通生
在某一發展階段需要何種知能？(2)同一階段的資優生需要何種不
同的知能？(3)現有課程和資優生需求之間是否相符？有無差距。

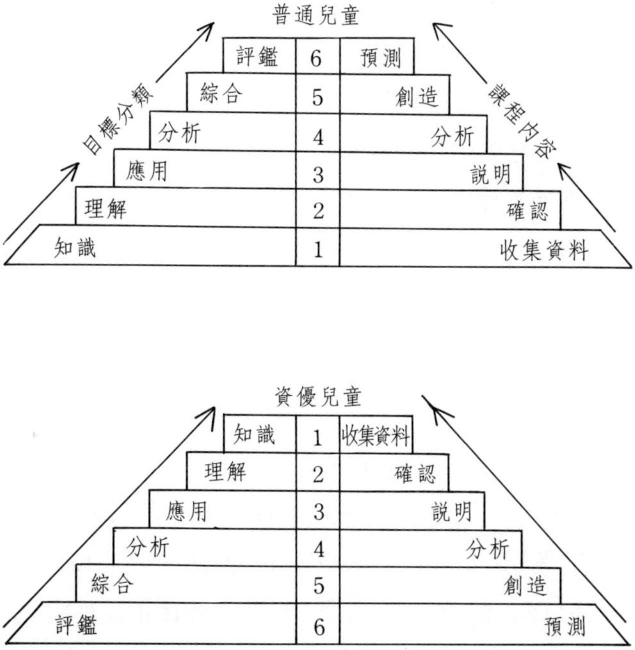

圖1-4 資優生和普通生的課程內容之共通性與差異性

茲以三年級數學為例,對普通生而言,其所需的知能如下:

1. 能以不同形式讀出及寫出數字。

2. 能做簡單運算。

3. 能在日常生活中應用數學技能和問題解決技能。

4. 能用適當工具進行度量活動。

5. 能預測。

6. 了解二度或三度空間幾何形體及關係。

對資優生而言,以上教學內容可加以擴充如下,以符合資優生之需求。

1. 能數數、運算和預測。

2. 具有簡單或然率之知識。

3. 具有各類幾何形的概念。

4. 具有簡易推理和推論技能。

5. 具有空間關係的知識。

6. 具有簡易代數運算技能。

7. 具有簡易問題解決知能。

8. 具有演算知識。

9. 運用電子計算機的技能。

Kaplan(1977)以布魯姆的目標分類法為例來說明資優生和普通生的課程設計,有其共同性和相異性。例如,布魯姆的目標分類法包括知識、理解、應用、分析、綜合和評鑑等,對二者都適用,但其重點不同。普通生較重知識、理解和應用等,而資優生課程則較重評鑑、綜合和分析等。易言之,普通生會花較多時間和精力在基本能力(如知識、理解等)的訓練方面。而資優

生需要較多的時間和教材在高層思考方面。（參見圖1-4）

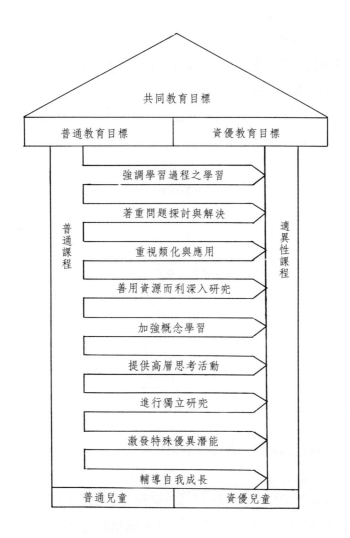

共同教育目標

| 普通教育目標 | 資優教育目標 |

普通課程　　　　　　　　　　　　　　　適異性課程

強調學習過程之學習

著重問題探討與解決

重視類化與應用

善用資源而利深入研究

加強概念學習

提供高層思考活動

進行獨立研究

激發特殊優異潛能

輔導自我成長

| 普通兒童 | 資優兒童 |

圖1-5　普通課程和資優課程之關聯性

　　再如圖1-5析示，普通兒童雖以普通課程為主，以達成普通教育目標為指針，但仍應視情境和需要，逐漸進入適異性課程的領域。資優兒童雖以資優課程為本，以達成資優教育目標為鵠的，但是仍應以普通課程為基礎，針對資優兒童的特性和需求，進行較抽象性、概念性、統整性、方法性的學習活動，並且能夠活學活用，解困創新，達到發揮特殊優異潛能，健全人格發展的目標。最後，融合普通教育目標和資優教育於一爐。

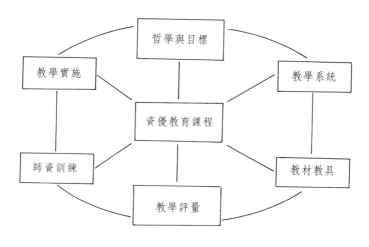

圖1-6　資優教育課程領域

二、內容性課程和過程性課程

　　資優教育的課程領域如人文、藝術、情意教育、領導力和思考技能等，何者屬於內容性課程，何者屬於過程性課程（process curriculum）？是否某課程領域可屬於內容性課程，又可能屬於過程性課程？一般而言，「人文」應屬於內容性課程，因為

吾人可以設計有關「人文」的課程做為專門的教學內容。至於情意教育一般都是透過內容課程實施。也就是在教學內容課程中隨時實施情意教育，所以情意教育較屬於過程性課程。其實，任何課程領域可當做內容性課程，也可以當做過程性課程來實施。如表 1-2 所示，若情意教育當做內容性課程來實施時，則可授予資優生自我肯定訓練。但也可以在教學數學時，設法提昇其數學自我觀念，此時，情意教育便成為過程性課程。又如語文、社會等人文科目，應屬於內容性課程，但是，我們可以在教學藝能、數理等科目中來培養人文素養，此時，人文科目也可以成為過程性課程。他如藝術科目當作內容性課程時，則可教學藝術欣賞；當作過程性課程時，則可以藝術表現在政治卡通之中。為培養學生創造思考技能，可以創造思考教學為主要內容，也可在創意寫作中培養創造思考能力。為實施價值教學，可以專授價值澄清法訓練課程，也可以在童軍教育的過程中培養人生的正確價值觀。總之，一般人都認為情意教育和思考教學只能透過其他課程的教學來實施，其實不然。如果設計得宜，仍可以成為專門課程（或成為內容性課程）來實施。易言之，可以成為實施其他內容性課程的副學習或附學習，也可以是主學習的教學。如此，資優教學才能更具彈性，更發揮其功能。

表 1-2　一門學科可以是內容性課程也可以是過程性課程

課程領域 課程類別	情意教育	藝　　術	思考技能	價值教學
內容性課程	自我肯定訓練	藝術欣賞	創思教學	價值澄清法
過程性課程	教學自我概念	政治漫畫	創意寫作	童軍活動中培養

三、資優教育課程之要素

　　資優教育課程之要素，不只是科目而已。應涵蓋課程哲學和目標、教學系統、教材教具、教學實施和師資訓練等（Wiles & Bondi, 1984）茲分述如下：（參見圖 1-6）

㈠課程哲學和目標

　　資優教育之實施有其哲學和目標，資優教育課程乃是執行資優教育的要項，資優教育的哲學和目標必須反映在資優教育課程上。且為指引課程設計之方針。

㈡教學系統

　　資優教育課程之實施，有賴教學系統之安排。如教學準備、教學方法之選擇、教學過程之安排、教學結果之評量等都應列入資優教育課程之範圍。

㈢教材教具之發展與選用

　　教材教具是課程核心內容，沒有教材則無課程可言，而教具有助於教材之教學。教師可為資優生之特殊需要，研究發展出各種教材和教具，也可選自一般兒童所用之教材，不過應加以修改，以利資優生學習。

㈣教學實施

課程端賴教學實施來進行，所以教學實施應是課程的重要領域。無教學則課程無法達成資優教育之目標。

㈤師資訓練

課程賴教師來教學，所以課程領域也應包括師資訓練在內。應使資優教師了解資優教育課程的哲學和目標，能專為資優生而設計的教學系統、教材教具和教學評量等。

㈥教學評量

資優教學評量應針對課程哲學和目標。其方式應與普通班有所不同，其重點應在於高層思考和獨特的產出能力之評量。

第 3 節　資優教育課程的基礎

資優教育課程既然是學校為資優生所安排的一切有組織、有系統的學習經驗和活動，則資優教育課程之設計必須植基於下列基礎上。

一、課程對象

資優教育課程之設計必須針對課程對象，也就是資優兒童。資優兒童也和其他兒童一樣有其成長發展的階段和過程，不過在

某些方面的成長速率優於其他兒童，同一資優兒童的發展速率也不一樣。設計課程時必須注意這些事實，依據不同的成長發展速度來設計，才能符合其需要。例如有些資優生在智力發展上超前於同齡的普通兒童，但在動作發展和正常兒童並無不同，甚至還不如普通兒童。在課程設計時應考慮這些現象。此外，資優兒童有其特殊需要和心理特質，在設計或實施資優教育課程時應加注意。

二、課程內容

　　資優教育課程究竟應以何者為主要內容，乃是課程設計者應該加以考慮的。也就是應該教資優兒童哪些教材，究竟哪些知識應該教給資優兒童？何者為優先？如何加以組織？如何協助資優兒童從知識領域中發展概念和統念。哪些學習技能應該列為課程內容，其在資優教育課程中的份量為何？知識領域和學習技能之間的關係又如何？情意教育也應該列入課程的內容？究應為正式課程或是潛在課程？這些問題都是在設計資優教育課程時，應該加以考慮的。

三、課程哲學

　　課程哲學是指導資優教育課程設計的指針。大凡教育目標之確定、教學活動之選擇、學習理論之決定、教師的角色、教學策略之選用等，都有賴於課程哲學的指導。課程設計所依據的課程

哲學不同，其課程內涵和課程形式也將有所不同。下列課程哲
學，可供參採（Eisner & Vallance, 1974）。

㈠以發展認知過程為重點的課程哲學

此類課程哲學源自官能心理學，強調發展資優生過程技能為
第一要務，非以知識內容為主要課程考量，而是重視高層思考技
能的培養，如批判性思考、創造性思考，以及問題解決等能力。
其基本假設是這些過程技能可以應用、遷移至各種研究領域。此
類課程哲學主張以認知技能為主要資優課程內容，知識領域乃是
學習認知技能的媒介，也是認知技能學習的自然結果。

㈡注重教學工學（instrutional technology）的課程哲學

此派課程哲學主張依學生學習的輸入和輸出過程來組織課
程。採用行為目標的策略，以便利學習結果之評量。其課程設計
方式較多小單元之教學方案，而非整體的課程設計。

㈢強調滿足個體需求的課程哲學

此派主張課程設計應以兒童需求為中心，重視兒童當時當地
的生活經驗。Reuzulli（1979), Feldhusen & Kolloff（1978）等
都贊成此種課程哲學。強調獨立學習，惟學生應是學習的主人，
教師只是催化者，在師生互動中使學生負起學習成敗的責任。

㈣強調社會改造的課程哲學

此派學者認為學校教育的目的在改造社會，因此，課程應以

促進社會變遷為主要內涵,包括社區改革行動、社民責任,對於公共事務的意見調查案。許多資優教育計畫採取世界觀的課程設計型態,強調世界環境的相互依存關係及世界公民的責任等,都是依據此種課程哲學來設計的。

(五)以學術理性主義為中心的課程哲學

此種課程設計理念植源於西方傳統的理性人文主義。許多以此課程哲學發展出來的課程仍然沿用至今。此派學者認為教育應在授予學生知識的結構和理性的理解,此應成為資優課程的主要內容。各學門系統分明,重視學生理性的思辨,成為以學術為導向的資優課程設計型態。

(六)以生涯準備為導向的課程哲學

此派課程哲學主張教育應在準備學生發展未來的專業生涯,重視實用技藝與實作訓練。在資優教育中的生涯教育課程規劃,方式上多採取典範良師的制度,獨立研究時也以實際生活世界為研究題材,注重其未來專業潛能的啟發,都是依據此種課程哲學來設計的。

四、課程目標

課程設計必須針對目標,這是所有課程設計所應共同遵守的原則。資優教育課程的設計,一方面要針對資優生個人發展潛能的目標,一方面要注意到社會效用的目標,因為教育目的乃在傳

遞民族文化和社會價值。所以當前社會的脈動和未來社會發展的動向，都是資優教育課程設計所應該加以注意的。資優生乃是未來社會的棟樑，其學習活動必須和社會發展相結合，以社會價值和社會現象為學習體裁，以解決社會問題為研究方向，以對社會問題有專心研究者為典範良師，才不致使資優生的學習和社會脫節。

五、課程實施

設計資優教育課程時，應同時考慮如何來實施此課程。課程的實施和資優生的學習特性和學習方法有關。雖然目前有許多教學理論和學習理論，對資優生而言，有其普通性和特殊性。易言之，許多教學理論對資優生和普通生都適用，有些則較適用於資優生或普通生。課程設計者應該了解教學理論，以及其和資優生學習之關係。如此才能方便資優教育課程之實施。

以上課程哲學各有所偏重，資優課程設計者固然可以選擇其中的一種或多種，但為培養資優兒童綜合和類化的能力，似以多種課程哲學合用為宜。而課程哲學的選用應與資優教育的哲學、目的和地區學校的辦學理念相配合為佳。

第 二 章

資優教育課程設計

◉資優教育課程設計的意義和原則

◉資優教育課程設計的基本架構

◉資優教育課程設計的概念模式

◉資優教育課程設計的模式

◉資優教育課程設計的類型

◉資優教育課程設計的程序

第 *1* 節　資優教育課程設計的意義和原則

一、資優教育課程設計的意義

　　資優教育課程設計乃是設計者針對資優生的類別及特殊需要，將學習經驗加以系統化的組織，安排適當的學習活動，以利資優生學習。學習經驗必須符合資優生的程度才能引起其學習興趣。學習的過程也必須符合其學習特性，才能有效學習。學習結果應能展現高層思考和獨特的產出能力。甚至學習環境之設計和布置也非常重要，才能助長學習活動。這些都是課程設計者所應注意的。

　　課程設計可因設計層級的不同而有不同的設計者。例如：在班級內的教師可為全班資優生設計該班的課程。全校的教師中和資優教育有關的老師也可以集合相關老師的力量設計全校性的資優課程。一縣市也有縣市特教輔導團的資優教育組為全縣市資優生設計適用的課程，在省和全國也都有為一省或全國資優教育所設計的課程。

　　資優教育課程之設計，除仍遵循適異性課程設計的原則外，宜特別注意下列事項：

　　1. 以原課程為基礎，儘量與原課程相結合。

2.強調高層思考能力的訓練。

3.重視獨特產出能力的培養。

4.小組合作學習和獨立研究並重，使能適應團體生活且有獨立思考之能力。

5.以科際整合的方式設計課程，使資優生有統整的概念。

6.認知、技能和情意教育並重，尤其不可忽視情意教育，以培養積極正向的自我觀念。

7.加強學習技能的學習，以培養資優生獨立學習的能力。

8.重視情意教育，以培養資優生工作承諾的態度和主動學習的精神。

9.注重資優生人際技能的培養，鍛鍊領導能力，使成為社會中堅幹部。

10.強調人格教育，使有健全的人格成長。

11.善用各種教學模式，培養資優生各種學習能力。

12.小學階段以情意教育為主，中學以上除情意教育外，可注重學科能力之培養與創造。

13.提供分化和充實的課程，以符合資優生個別需求。

14.課程內容力求廣泛，學習經驗應加以統整，避免零碎資料的傳授。

15.課程設計之目標應具未來導向，以實際生活為起點，以未來生活為目標。

16.整個課程設計應與資優生的成長發展相結合，成為終身教育之內涵。

17.儘早培養閱讀能力和表達能力。具有特殊學術性向者應給

予充分發展的機會。

18.課程設計應能著重普遍原理之探索，精神價值之追求和倫理道德之教導。

19.加強資優生認知和社會情緒的全面發展。

20.輔導學生負起學習的責任。

21.培養資優生適當的發問技巧。訓練要把握重點、提出重要觀念和關鍵性問題。

22.以「深入研究」取代學習過程中的時空限制。

23.善用社會資源，重視典範良師的提供，以利資優生認同學習。

24.對低成就者仍應實施補救教學。

25.重視人文素養，注入人文精神。

26.資優課程設計應以培養資優生對社會的長期性貢獻為目標。

二、資優教育課程設計的原則

資優教育課程的設計與發展，不論是針對資優兒童的特性來修改普通課程，或是另行設計特殊資優課程，以滿足資優兒童的特殊需要，可以參考下列原則，以設計或發展適合於資優兒童需要的適異性課程（ differential curriculum for the gifted ）

㈠抽象化的課程優於具體化的課程
一般教學原則固然是具體化教材的教學應先於抽象化教材的

教學，教學的進程也應由具體化朝向抽象化。但是，對於資優兒童而言，具體的實物教學只宜做為教學的實例，教師應很快地導引到抽象的概念學習。蓋資優教學不只在於具體實例學習，更應重在抽象概念思考的教學。

所謂抽象化的過程，也就是抽取同類實物之特殊屬性而形成該類事物之概念的過程。例如兒童學會數出三張椅子、三個人、三枝鉛筆或三輪車等實物，經過抽象化之後形成了「三」的概念。普通兒童可能要花很多時間在具體事物的學習，（智能不足兒童的學習更是幾乎都在於實例的學習），資優生則應該多由具體而抽象，形成概念。

課程內容的抽象尚可分成兩個層次：(1)概念層次（conceptualization）係由具體實物抽象化而來，例如「三角形」、「哺乳類動物」等。(2)通則層次（generalization）涉及兩個或兩個以上的概念，彼此關聯而形成一較大較廣的統合。

資優兒童學會抽象化的概念，較能類化、推論，也較能從事較高層的思考。

㈡複雜性較高的課程優於低複雜性的課程

資優生所需要的應該是具有較複雜性概念的課程，所謂概念的複雜性乃是指該課程中或教材中所含的概念數而言。例如：「等腰直角三角形」的概念就較「三角形」的概念複雜，因為等腰直角三角形至少包括「等腰」、「直角」和「三角形」三個概念，較「三角形」多了兩個概念。同理，通則層次較概念層次複雜。因通則層次不僅涉及較多、較複雜的概念，而且概念間也具

有較密切較複雜的關係，甚至可能涉及較多的學科領域或較廣泛的知識內容。例如：「一個國家的進步，固然有較少數菁英份子的創新和倡導，但是，仍需多數民眾的努力實踐。」這是政治理念上的通則，包括眾多的元素概念，其複雜度當然較高。

　　Taba（1962）曾依抽象化和複雜化的程度分成四個層次：最低層次為特殊事實或描述性理念，如清明節或孝順等；其次為基本理念或原理，如科學定律、數學定理等；第三層次為民主潮流、社會變遷等概念，最高層次為思想系統，如認識論、人文主義思想等。層次越高，抽象性和複雜性越高，越是資優課程所需要的。資優兒童可以從而建立結構，藉以探究新知，建立自我思考系統。

㈢課程的多樣化優於單一的課程

　　多樣化和複雜化的課程安排，都可以滿足資優兒童的需求。如前所述，複雜化是指概念數的多寡和抽象化的程度，而多樣化乃是指項目的數量。例如設計數學課程時，可以在同一單元中包括許多相關的水平或垂直概念，也可以在一單元中安排不同類的課程內容或領域。前者屬於課程的複雜性，後者屬於課程的多樣性。許多資優課程設計都包括社會學、環境科學和動物學在內，目的在使資優生加強學習，使資優課程內容能夠超越普通課程的範疇而伸展到所有知識的主要領域，以增進其對知識領域複雜系統的了解，不僅可以滿足其優異智能的需求，更可協助其建立學門的類化系統，做為日後形成自我思考系統的基礎。再就資優生的學習和人格特質而言，其樂於大量攝取知識，厭煩單調的例行

性學習，敏於美的感受，以及對於人生問題的廣泛興趣，都需要多樣性和複雜性的課程才能滿足其需要。

㈣重視課程的組織性和經濟性

資優兒童學得快，學得多，也學得好，都須有多樣化和複雜化的課程，這些課程若不能有系統，有關聯的加以組織，則資優兒童將無法很快地加以學習，加以吸收。所謂資優課程的組織性，Wards 主張應以「具有最大遷移或類化的可能性」為原則。易言之，也就是以基本概念或類化通則為組織原則，而非以年代、功能或形式等原則來組織課程，如此，才能節省資優兒童學習的時間、精力和效力，也才符合經濟性的原則，達到資優課程的效益成果。

㈤以楷模為教材設計課程，培養資優生見賢思齊精神

楷模學習乃是社會學習理論的重要主張。資優生學習的楷模主要有兩類。第一是資優或有成就的名人。其中以資優特質或事業成就和資優生相近者較佳。由於特質上的相近，更容易使資優生產生認同感。資優生以名人為研究體裁，可以了解其資優特性、家庭背景、人格類型、工作動機等，進而研究其生涯計畫或生涯發展之過程，以及在工作中所遭遇之困難與挫折，尤其使資優生了解名人如何克服困難之策略或方法，使資優生了解上天賦予資賦優異，並不一定保證成功，仍然必須努力奮發，克服萬難，才能成功。同時，可以讓資優生了解名人在生涯發展過程中何者為助力，何者為阻力，如何善用助力，減少阻力，以建立良

好的人際關係。至於名人的領導目標、人生態度、社會互動，以及生涯規劃等都值得加以研究。第二種楷模是慈善家或宗教家。一般而言，資優生往往將成功歸之於自己的能力，因此，較少注意社會責任。吾人必須使其了解機會與責任的對等關係。易言之，上天給予他資賦優異，使較一般人有更多的成功機會，則應為社會負更大的責任，願意為社會付出心力。因此，宜安排訪問慈善家和宗教家，使了解他們的慈悲胸懷和服務的熱忱，以激發其盡己之力服務社會的態度。

㈥強調方法學的研究

資優生固然可以學得多、學得快，但不應是事實資料的堆積，而是研究方法的訓練。資優教育可以從國小中高年級開始逐年安排學習研究的技能和方法的課程，由研討他人的研究方案中的研究方法，使了解研究方法之運用情形，進而將所習得之研究技能和方法應用於實際情境中，逐漸培養資優生成為一個研究者。

㈦課程組織宜強調高層思考能力

普通課程大多為知識資料的整編，不符合資優教育的需求。資優課程設計應強調高層思考能力的培養。使學生具有分析、綜合、評價的能力，目前許多資優課程，強調批判性思考能力和創造思考能力，以及問題解決能力的培養。不管在學習特性上資優生需要高層思考性的課程，在動機特性上尤然。許多資優生厭煩例行、反覆的學習，喜歡較具刺激性、高智性和高思考性的學習

活動。所以資優課程應重視高層思考能力的培養。對於普通課程中的知識性資料，也可以透過轉化的過程而形成高層思考性的教材，便於資優生學習。

(八)開放性思考課程優於閉鎖性課程

　　一般課程安排較重視標準答案或正確答案，教學時也較強調聚斂性思考能力的培養。這種課程設計的方式較無法完全滿足資優生的學習需要。創造性思考和擴散性思考可以訓練學生多向的思考能力，避免固著的思考習慣。擴散性思考能力和聚斂性思考能力兼顧，才是較適合於資優生的課程。設計開放性的課程時，教師必須要有開放性的態度，能夠接受資優生的不同答案或意見，所提問題也應該是開放性的問題，允許學生從不同的角度來作答，才能激發學生勤於思考，願意思考，也比較能獲得更多的答案。

(九)發現法重於教導法

　　一般課程設計為便利實施及節省時間起見，都採取教導法，由教師直接教學，此種方式對資優生而言，不盡妥適。如能安排適當教學情境，讓資優生自行去研究發現，則可在發現學習過程中習得研究方法。發現的過程可採演繹法，也可採歸納法。歸納法是從許多個別事物或獨立事件中發現其共同屬性或特殊組型，進而歸納出某概念或原理原則，以為推斷新事物之依據。例如資優生可以從觀察各種「狗」之後歸納出「狗」的概念，下次看到「狗」便可以說出「狗」的名稱和特性。演繹法則先教資優生原

理原則，然後運用這些原理原則去發現解決的方法。例如：讓學生了解凡是一個數目的最後一位是 0 或 5，都可以被 5 整除。學生就可以運用此規則去發現解決有關問題的策略。學生年紀尚小，較適合採取「引導式的發現法」，也就是讓學生形成假設，再進行試探、推測或驗證。蘇門（Suchman, 1965）稱之為探究法。

㈩提出推理的證據

資優學生的教學不只要教導學生獲得適當的答案，更要資優生在提出答案的時候，也能說明其邏輯推理的過程和證據；這是資優教育的重要部分。蓋資優生可從他人的推理過程中學到推理的方法，分析理論的證據，進而養成凡事要求證據，推理要憑證據，以及做事要講證據的精神和態度。

㈠課程安排與教學實施要讓資優生有選擇的自由

對普通兒童而言，教師為節省時間，講求效率，往往由教師決定課程的內容和實施的過程，學生只要根據教師所設計的去進行學習，就可以得到教學所要達成的目標。這種方法對資優生而言，固然可以適用，但是未能發揮其最大的學習潛能。由於資優生往往具有豐富的功能，善於類比推理，所以應允許他們在課程安排和教學過程有若干程度的選擇自由。例如在決定研究主題、學習方法、參與活動、計畫選擇、評量方式等。所謂選擇的自由並非無限度的自由，教師應視情況、條件，酌定自由的種類和程度，以不限制資優兒童的發展，發揮其最大潛能為目標。

㈩重視團體歷程的課程

資優課程之所以重視團體歷程主要有下列因素：⑴資優教育目標包括個人潛能發展說和社會效用說二大項。就社會效用說來看，資優生必須首先能夠成為團體中的一位合作成員，然後才能有效參與社會事務，所以必須接受團體歷程的訓練。⑵資優生往往重視獨立研究，而忽視團體的互動，因此，適宜安排小組研討活動，以增進其團體互動的能力。⑶資優生都是未來社會的中堅，團體中的幹部，和各行各業的領導人，若不懂得團體歷程的要領，不懂得團體互動的技巧，則常常無法領導他人，凝聚共識，以致無法成為一位成功的領導者。⑷資優生常有人格發展上或心理適應上的問題，若能透過團體歷程，自我分析和批判，可建立與他人的互信、互尊，發展健全的人格。

(十一)課程應顧及資優生的學習速度和種類

資優生智能優異，其學習速度較普通兒童快，其興趣也較一般兒童廣泛，且能同時精熟各科學習內容，因此，設計資優課程和進行教學時，宜依據其學習特性和能力，調整學習速度和增加學習材料或學科。也就是適合採取加深和加廣的方式。不過，仍應顧及其個別差異，就學習速度來說，並非每位資優生都可以學得一樣快，仍然有「慢工出細活」的資優生。就個別資優生而言，某些知識領域可以很快理解，某些卻並不一定比一般學生快，仍然有個體內差異存在。就學習的類別言，有些資優生屬於通才型，有些則是偏才型的資優生，屬於偏才型者各有所偏，有

些長於物理，有些長於文學，有些則長於藝術等。因此，設計資
優課程時，除共通性外，應顧及個別資優生的學習速度和資優類
別，同時應注意教材、教法和時空的變化，使具有挑戰性，以滿
足資優生的課程需求。

　　所謂「學習速度」並非在呈現教材時要求資優生盡速反應，
而應給予相當的候答時間，使能在回答前充分思考。塔巴認為學
習應經過同化和調適的過程，資優生的同化和調適過程較一般學
生為快，也較能進行同化和調適的作用，所以可以縮短具體操作
和練習的時間，很快進入抽象思考和推理創造的領域。

㈥研究實際的、相關的問題優於研究假設的、無關的問題

　　假設性的問題對培養資優生創造思考能力有其功能。但是，
在資優課程設計上仍以相關的實際問題較能引起資優生的學習興
趣，也較能獲得研究資料和資源協助。

　　實際問題的研究不宜過於廣泛，應有研究重點。研究問題的
提出宜經過分析和確定的過程，較能獲得適當的問題。茲分別說
明之：

1.分析問題

　　在提出問題之前，宜對問題加以分析、分類、收集資料和意
見，並探討可研究之問題。其主要方法包括下列幾種：

　　⑴分析問題本身有關的基本問題，如問題的本質為何？其範
圍為何？

　　⑵收集有關問題的相關資料，進而運用想像力以建立資料與

閱讀間的關係。

(3)強迫發展無關觀念之間的關係,可以更深入了解問題。

(4)追溯問題之根源。

(5)列舉問題有關之屬性。

(6)寫出問題有關的資訊。

(7)批判他人對該問題的研究、意見或處理方法等。

(8)以分析模式來分析問題,如計畫評核術等。

(9)組合問題的屬性或元素,使成有意義的關聯。

(10)採矩陣模式分析問題之屬性或關係。

(11)探尋問題內的次要問題。

(12)諮詢有關專家學者。

(13)擴大或澄清問題的目標。

(14)說出心中所有的觀點或靈感。

(15)以多種感官去檢驗問題的每一層面,注重各感官對問題的
敏感度。

(16)連續追問問題的相關問題。如:這問題與什麼有關?人們
對此問題的態度為何?為什麼研究此問題等。

2.界定問題

分析問題之後,必須加以確定,才可以做進一步研究推論。
其方法如下:

(1)至少問十個「為什麼」的問題。

(2)利用矩陣發展各屬性交集之處,也可能是問題核心之所
在。

(3)至少問十個「是什麼」的問題。

(4)比較各元素，選出最重要或最基本者。

(5)說出問題的關鍵，進而利用關鍵字組成敘述句，並延伸成數個焦點問題。

(6)找出問題中的問題，以利逐步解決。

(7)把問題的意義界定出來，也把範圍加以確定。

(8)共同建立對問題的共識。

㈤研究成果之發表，宜以該主題有研究的人物或有關人員為對象

對於資優生的研究成果，常常交由教師批閱了事，較負責任的教師也許會和資優生一齊研討研究成果。但是，大多數的資優教師在批閱完畢之後，轉交給學生自己改正。這種方式，對資優生的幫助不大。成果發表應是教學過程的一環，也是非常重要的教學步驟。運用得宜，可以獲得豐碩的教學成果。

研究成果應呈現給該主題有關的專家學者，請其指正。發表會時，除教師、同學外，應邀請專家學者或有研究的教師、家長參與討論，才能使其研究成果更加充實，其他同學也可以分享其豐碩的研究成果，和適當的研究方法。因其為專家方式的研究成果而非學生型的成果。

此外，可將研究成果提供給有關機關、團體做參考。例如：有關環保的研究成果可提供給環保單位或環保團體做參考，或請其回饋，使其感受到研究結果對社會的貢獻，激發關心生活環境和社會的態度。

資優生在研究成果展示中，更可以訓練表達能力、展示的方

法和溝通的技巧。資優兒童是未來文明的創造者、生活的改造者，也是社會國家的棟樑，必須有良好的溝通技能，善於表達，具說服力，才能領導他人，戮力同心，共促社會進步。所以這一步驟非常重要。

(土)鼓勵以不同的方式呈現研究成果

　　資優生常以書面或口頭報告呈現研究成果，甚為方便有效。但是，我們可以鼓勵資優生運用創造思考，以不同的方式展現研究成果。例如，可以將書面文字資料轉換成圖表或實物照片等。也可以演戲的方式代替口頭報告，並可以錄音、錄影或幻燈片等來呈現，甚至可以說明會、討論會和辯論會來取代展示會，這些轉換的方式即可激發思考，又可培養規劃能力，更可增進展示效果。

　　其次，資優生的研究成果，除了綜合或摘要他人的發現和結論，應要求學生徹底消化，並轉換成較高層思考的型式。為求達到研究成果轉換的目的，基爾福特建議六種型式，包括單位的、類別的、關係的、系統的、轉換的和應用的。各型式間的轉換可以變化研究成果的呈現方式。

　　研究成果的轉換係將原始資料透過型式的改變，各種媒體的運用、層次的提昇、呈現方式的變化，以及內容的強化等而成為有意義、有價值的數據，便於說明和應用。其方式包括：(1)改變角度，(2)重新解釋，(3)詳盡說明，(4)擴大或超越，(5)同時聯結，(6)增加細節，(7)設身處地，(8)抽象化概念化等。

(七)以評估取代考核或測驗

對於課程實施成果的檢討和學生學習成就的了解，以往多採考核、考試或測驗的方式。此種方式固然可以了解學生的成就，但不能做為改進教學的依據。若欲對資優教育有幫助，似以採取評估的方式為宜。課程的評估在了解課程之優缺點及可行性，對學生學習成就的評估也在了解學習困難之所在，以利設法排除困難，增進學習效果。其方式包括(1)自我評量，(2)由實際從業的專家來評估。以改進資優課程和教學為目的。

(八)課程設計應以學生為中心而非以教師為中心

以資優生為中心的課程設計和教學活動，乃以學生的興趣、能力和意願為設計的焦點。教師必須發掘學生的興趣、了解其已有之知能，以為安排課程和教學活動之依據。此和過去偏重以教師的想法為課程設計之焦點不同。此外，以教師為中心的教學，教師佔去大部分的上課時間，學生為得高分，不得不回答教師所

圖 2-1 教師中心的互動型態

圖 2-2 學生中心的互動型態

期望的答案,教師是學習活動安排的權威人物,難有互動的學習情境。這種方式對資優生的學習不利。以學生為中心組織學習經驗,安排學習活動時,教師鼓勵學生在上課中發言,由學生主動安排教學活動,甚至主持班會或小組討論。讓學生消除心目中教師權威的偶像,增進互動的機會,使資優生真正成為學習的主人。

㈨鼓勵學生獨立學習

許多資優教師雖然了解資優生的特質,但為求速效,常常採直接教學,使學生變成學習的依賴者,必須在教師的指導監督之後才能進行學習活動,這種方式無法培養資優生成為一位主動學習者。因此,必須鼓勵學生獨立學習,課程安排和教學活動必須讓學生有獨立學習的機會,以發展其獨立學習的技能與獨立學習的精神和態度。獨立學習的技能包括電腦技術、運用圖書館的能力、照相技術和研究能力等。至於學習經驗的組織、學習活動的安排也可以讓資優生有參與的機會。基於在教室管理、社區服務,以及活動的規劃等也可給資優生相當的自主空間,惟教師仍應給予適當的輔導,使能養成獨立學習的能力和態度。

㈩開放的學習環境優於封閉的學習環境

開放性的課程設計涉及學術性和非學術性兩種層面。第八項所提的「開放性」原則較偏重學術層面,意指容許並鼓勵資優生提出不同的想法或答案。開放性的學習環境較重非學術性的層面,包括開放性的心理空間和開放性的物理空間。開放性的物理

空間乃是指學習環境的充分利用，不拘限其特定的使用價值，資
優生可因其學習活動的需要改變物理環境的布置安排和用途區
分。至於開放性的心理空間乃是指資優生的學習經驗不侷限於特
定的活動或項目，隨時提供其選擇、改變或調整的自主性。不
過，仍應合乎某種規範，以能發揮資優生最大潛能為原則。

㈓接納的教室氣氛

在教學過程中，教師對資優生的不同意見，應以接納的態度
反應之，使學生感覺受到尊重，以後才會繼續運用思考，提出更
多的想法，千萬不可凡事只做批評，甚至在未聽完學生的意見時
就有先入為主的意見。教師應該嘗試去了解學生，以接納的態度
來處理學生的意見，在適當時機給予評量，提出建設性的意見，
共同商討對策或答案。這種重評量、輕批判的民主風度，乃是資
優教師所必須具備的。

當然，接納的態度和完全接納答案或想法並非相同。接納的
態度只是肯定其意見的重要性，有價值、切題、合適、中肯，或
是真誠，並非同意或不同意其意見。讓資優生願意繼續發表意
見，探究疑問、引申想法，或澄清疑點，以達到自我學習、自我
評析的效果。

㈔複雜的學習環境優於簡單的學習環境

資優生需要比較複雜的學習環境，包括環境的布置、學習材
料、教學的提供。尤其作業的指定應具較高度複雜性和思考性的
項目或活動。過度單純、簡單的學習環境無法啟發資優生的潛

能，也無法滿足其實務上需求。

㈢允許資優生學習上的高移動性需求

　　一般學校為顧慮學生的安全及教育的秩序，往往儘量減少學生在課堂上或校內外的移動。但是，資優生在學習上常常需要和他人討論，或到處收集資料，因此，必須有較高的移動性。例如：到圖書館、科學館去查詢資料，找老師請教問題，和同學研討某些主題等。不應限制其學習空間，應使其做必要的移動。

第 2 節　資優教育課程設計的基本架構

　　如果我們要乘船過河，想要順利到達目的地，一方面我們要認清目的地，另一方面要了解船隻的種類和特性，然後安排適當的航道，才能事半功倍的安抵彼岸。（參見圖2-3）

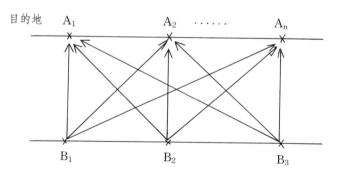

圖 2-3　以航行要素示課程設計

　　資優課程的設計也應做類似的考慮。其基本架構如圖 2-4。
適當的資優課程設計應考慮(1)受教者：資優兒童，(2)資優教育目
標，(3)資優課程，(4)支持課程實施的教師、家長、社會資源和環
境等。

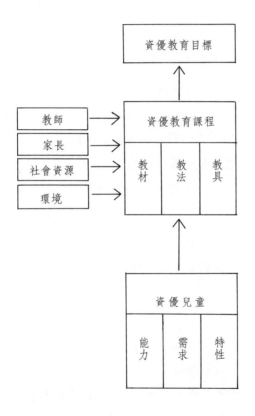

圖 2-4　資優課程設計基本架構

一、資優兒童

　　資優教育課程之設計應該優先考慮受教者，也就是資優兒童。所謂資優兒童，在我國特殊教育法明列：(1)一般能力資優，(2)學業性向資優，(3)特殊才能資優三類，至為明確簡單，但並不能涵蓋資優的全貌。廣義而言，資賦優異係指人類之卓越能力在該能力某一標準之上者（一般都以二個標準差以上）。例如音樂資賦優異者係指某生的卓越音樂能力在所有同齡兒童的音樂能力居最優的百分之二或三。由於人類有各種能力，所以資賦優異的定義隨著對人類能力的認定而改變。例如最早人類智能未開以前，體力是最被看重的能力，能以力制人者常被稱為英雄，甚至於被擁護為王。當時之際，生理能力卓越者常被視為資賦優異者。人類智能暫開以後，生理能力的卓越性雖漸被心理能力所取代，但仍有其一席之地（如體育優異者）。從資優教育的發展史來看，可以看出資賦優異定義的多樣性和發展性。

㈠資優的定義

1.從量的觀念來看資賦優異

　　(1)一元論：自從陶倫士（Torrance, 1926）等以智力商數做為資賦優異的標準之後，以智力測驗的結果來界定資賦優異成為資賦優異兒童唯一標準。此種標準雖然有許多爭論，但是仍然有許多國家採取此定義。我國鑑定資賦優異雖採多重標準，但個別智力測驗結果所得的智商，仍然是主要選取的標準。其他標準大

多供參考。近年來，由於個別智力測驗的內容逐漸改變，資賦優異的內涵也隨之而變。

(2)二元論：斯比爾門（Spearman, 1927）提出人類能力二元論的主張，他認為除了普通能力外，尚有特殊能力。此種主張使資賦優異的範圍由只重智力擴大至特殊能力。目前，各國對特殊才能（如音樂、美術）都認為是人類的重要能力，且列入資優教育計畫中加以培養。

(3)多元論：自塞斯通（Thurston, 1938）提出基本能力說之後，多數學者都主張人類能力的多元性。塞氏認為人類具有數字、語文理解、空間關係、語文流暢、推理、聯想記憶等能力。泰勒（Taylor, 1968）認為包括創造、作決定、計畫、預測、溝通、產出性思考等能力。嘉德納（Gardner, 1985）主張包括語言、音樂、邏輯數學、空間觀念、軀體動覺和自知知人等能力。尤其基爾福特（Guilford）更分析成一八〇種能力。

(4)整合論：以上學者都是試從分析的觀點找出人類能力到底包含哪些要素。可是許多學者認為能力的表現應是統整的，不可加以分割。例如科拉克（Clark, 1983）認為，人類能力的表現必須認知、思考、感情和直覺四者統合運作才能發揮其效能。

2.從質的觀點來看資賦優異

人類智能雖然很多，但如加以分析可包括普通能力、特殊能力、創造能力和社會能力等。此四者並非同時發生，而是有其歷史發展背景。

(1)普通能力：陶倫士等提出以智商為資優的標準後，普通能力就成為資賦優異的重要項目。時至今日，普通能力仍為資賦優

異的一類。

(2)特殊能力：自斯比爾門提出了兩因說之後，特殊能力便奠定了在資賦優異中的地位。其重要性和普通能力並駕其驅。

(3)創造能力：普通能力和特殊能力都強調聚斂性能力，基爾福特的「智力結構理論」提出了擴散性思考能力，加上陶倫士的鼓吹，創造能力已成為人類能力的重要秉賦。惟究係單獨列出如阮汝禮（Renzueli）的三環論，或是融合在普通能力和特殊能力之中，尚有爭論。

(4)社會能力：以上三者都屬於認知能力，近年來，非認知性能力已逐漸受到重視，且列為人類資賦優異的重要能力。例如：基爾福特的「行為」向度，泰勒的「做決定能力」、「做計畫能力」，嘉德納的「自知知人」等，許多國家也將領導能力列為重要的資賦優異，設計課程加以培養之。

3. 從階層的觀點來看資賦優異

卡特爾（Cattell）提出流體智慧和晶體智慧的主張和 Borkowski（1981）主張人類智力可分成功能性（executive）和結構性（architecture）（如圖 2-5）。雖尚未發展完全的階層觀

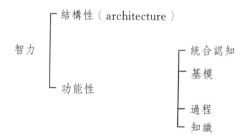

圖 2-5 Borkowski 的智力結構圖

念。但是，已建立了智力的運作和本體的觀念。斯坦堡（Stern-berg, 1985）依據其研究結果發展出智力的內層、中層和外層的觀念。

　　上述資賦優異的不同觀念，可以彙成圖 2-6 的概念模式。如以 N 代表數量、以 Q 代表素質，以 L 代表階層。資賦優異的概念可以 $G/T=f（N_n \times Q_n \times L_n）$ 表示之。如 $G_1=N_1 \times Q_1 \times L_1$，表示此生係普通能力一項資賦優異者，且為內在性智能優異者。如係 $G_3=N_3 \times Q_n \times L_n$ 表示此生係全能的資賦優異者。

　　資優教育課程設計必須針對資賦優異兒童的類別設計不同的課程。例如為音樂資優兒童所設計的課程在某些方面即不同於為美術資優所設計的課程。

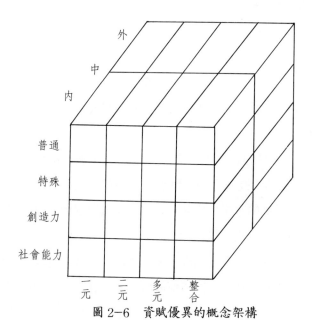

圖 2-6　資賦優異的概念架構

㈡心理特質和學習特性

　　資優教育課程設計除應針對不同類別的資優兒童設計適當課程外，同時也應顧及資優兒童的心理特質和學習特性。除課程設計外，課程實施尤應重視資優生的心理特質和學習特性。所以情意教育成為資優教育的重要項目。

　　對於資優兒童的心理特質和學習特性，歷年來有相當多的研究。梅克爾（Maker, 1982）加以歸納，並使之與其適異性課程之調整層面（內容、過程、成果和環境）相配合，構成如表 2-1 之課程設計矩陣。

三、資優教育目標

　　資優教學乃在輔導資優生朝向資優教育目標發展。故資優課程尤須考量資優教育目標，不僅為整個資優教育方案所設計的課程須針對整體的資優教育目標，在單元教學時更應配合單元的資優教學目標。

　　對於資優教育的目標，學者各有不同的主張。例如阮汝禮（Renzulli）認為資優教育的目標應是「預期對社會有長期性的貢獻。」此項目標的主張，固然可以為資優教育提供明確、單一的目標，但是，未免失之籠統。

　　Howley, Howley, & Pendarvis（1986）認為資優教育目標必然受資優者所處的社會及其價值觀所影響，社會多元的價值將影響資優教育目標的多元傾向。不過，歸納而言可以主要分成二

方面：社會效用的價值觀和個人發展的價值觀。前者認為資優教育目標應以社會效用為導向，重視資優生的社會情感的發展，加強情意教育，培養創造力、問題解決能力、領導能力和社會公民責任。後者主張發展個人才能，培養語文素養及理性思維的能力。

美國資優教育理事會提出全國資優教育目標如下：

1. 發展產出性思考能力

2. 發展創造性表達能力

3. 發展學習如何學習的能力

4. 發展自我表達之能力

5. 提供試探新經驗之能力

6. 提供獲取新知之能力

美國全國資優者領導訓練研究所（National Leadership Training Institutes on the Gifted and Talented）提出資優教育目標的主張如下：

1. 提昇自我觀念

2. 滿足情意需求

3. 增進人際關係

4. 加強自我引導的學習

5. 培養抽象思考能力

6. 增進創造力

7. 授予高深內容知識

8. 培養優異產出力

9. 促進生計發展

表 2-1　資優兒童的特質與資優教育課程的配合

課程調整 資優生的特質與 可能的社會角色	內容							過程／方法								結果				學習環境					
	抽象化	複雜化	多樣化	組織性	經濟性	人的研究	方法的研究	高層次思考	開放性	發現性	證明與推理	選擇的自由	團體互動	速度	種類	實際問題	實際聽眾	評量	轉換	學生中心	鼓勵獨立	開放性	接納性	複雜性	高度活動性
語言表達能力好	✓	✓	✓																						✓
知識豐富	✓	✓	✓	✓																					✓
學得快、記性好	✓	✓	✓											✓											✓
因果關係洞察力	✓	✓		✓	✓			✓		✓						✓			✓			✓		✓	✓
尋求把握事物原則	✓	✓		✓	✓	✓			✓	✓	✓					✓						✓		✓	✓
觀察力敏銳	✓		✓	✓						✓	✓											✓			
閱讀能力好、興趣廣	✓	✓	✓	✓		✓			✓										✓				✓	✓	✓
好分析、推理	✓	✓		✓				✓	✓	✓		✓												✓	✓
動機特質																									
專注、持久																✓				✓	✓				
厭惡例行重複工作	✓		✓						✓	✓		✓			✓			✓		✓	✓	✓			✓
所興趣之工作不需外在誘因			✓							✓		✓				✓				✓	✓	✓	✓		
追求完美、自我要求高							✓			✓								✓			✓	✓			✓
喜歡獨立工作	✓	✓	✓	✓			✓		✓			✓							✓	✓	✓	✓			✓
對宗教、政治等問題感興趣	✓	✓	✓	✓	✓	✓			✓	✓		✓				✓				✓	✓	✓			
堅持己見										✓		✓	✓					✓		✓	✓				✓
喜歡組織事物	✓			✓			✓														✓	✓			
好評斷是非善惡	✓						✓		✓	✓				✓					✓	✓	✓		✓	✓	✓
創造力特質													✓				✓								

（C. J. Maker, 1982）

特質 \ 角色	學者	領導者	創造者
好奇心強、好發問	✓	✓	✓
解決問題能力強	✓	✓	✓
樂於表達不同意見	✓	✓	✓
勇於冒險	✓	✓	✓
喜歡動腦筋	✓	✓	✓
幽默感豐富	✓	✓	✓
自我瞭解、自我接納	✓	✓	✓
審美力高	✓	✓	✓
不順從、不拘小節	✓	✓	✓
批判性強	✓	✓	✓
領導力特質	✓	✓	✓
負責盡責	✓	✓	✓
自信心充足	✓	✓	✓
受同學喜愛	✓	✓	✓
合作、好相處	✓	✓	✓
表達能力好	✓	✓	✓
適應力強、有彈性	✓	✓	✓
肇性高	✓	✓	✓
喜歡站在指導地位	✓	✓	✓
活動參與與表現高	✓	✓	✓
體能活動表現優越	✓	✓	✓

加拿大安大略省教育部（1980）曾提出資優教育目標如下：

1. 培養學習技能：包括觀察、感覺、探究、創造、分析、綜合、評價和溝通等。

2. 學識淵博、富適應力和創造力。

3. 精熟基本知能。

4. 良好健康和體適能。

5. 積極參與並分享藝術活動。

6. 能自尊自重。

7. 了解社會中個人與家庭的角色。

8. 增加處理日常問題的信心。

9. 富有責任感。

10. 尊重多元文化。

11. 良好工作態度和技能。

12. 信守環境保護責任。

13. 重視個人、倫理和宗教信仰。

Betts（1985）認為資優教育的目標，至少應包括下列各方面：

1. 精熟核心課程之內容與技能。

(1)獲得基本知識技能並能應用於新情境中。

(2)培養兒童從事研究計畫所需之工具技能（如電腦、溝通及科學設備等）。

2. 展現高層思考能力。

(1)批判有關資訊和理念。

(2)提出獨特、創意之觀念。

⑶界定實際問題情境並加以研究解決。

3. 顯示獨立學習之習慣。

⑴能選擇並設計研究計畫。

⑵能提出並解答研究或學習過程中的批判性問題。

⑶運用高級研究技能從不同來源搜集資料。

⑷善用時間完成研究計畫。

⑸判斷個人動機與成就。

4. 獲得並產生獨特知識。

⑴將現有資料轉化成新理念或新知識。

⑵以高級溝通技能表達研究成果。

⑶將研究成果與適當人員分享。

5. 聯結學習活動與個人成長（在活動中學習個人成長）。

⑴更能了解自己，並能在 G／T 計畫中適應良好。

⑵在各種學習領域中試探個人興趣。

⑶人際關係與領導技能之訓練。

⑷了解某些理念和問題之涵義。

歷年來，學者對資優教育的目標雖有不同的看法。筆者歸納各家之言，提出下列資優教育目標：

1. 認知方面

⑴發揮特殊優異的潛能。

⑵精熟基本知能。

⑶培養高層思考能力。

⑷養成獨特的產出能力。

⑸訓練獨立研究能力。

(6)發展主動學習能力。

2. 技能方面

(1)基本學習技能。

(2)高層思考技能。

(3)獨立研究技能。

(4)主動學習技能。

(5)人際關係技能。

3. 情意方面

(1)積極的自我觀念。

(2)獨立研究的精神。

(3)主動學習的態度和成就動機。

(4)強烈的工作意願和服務的人生觀。

(5)良好的人際關係。

(6)學習自我成長和健全的人格成長。

四、其他支援系統

　　資優教育要想有效實施，設計資優課程時，不可忽視與課程實施的支援系統。其要項如下：

㈠教　師

　　教師不僅是課程設計的參與者，更是課程實施的執行者。教師若不能了解資優課程設計的要領，也不能切實參與課程設計，則難有適當之資優課程，也不能有效實施課程內涵，則影響資優

教育成效至鉅。

㈡家　長

家長參與資優課程，不僅更可以了解資優兒童的特性與需要，更能使家長協助資優課程的實施。家長的參與往往是資優教育的重要途徑。

㈢環境與社會資源

資優課程的設計與實施必須注意環境變項和社會資源的運用。資優課程不僅要在校內實施，更要延伸至社會中的重要資源。

總之，良好的資優課程設計應允許教師、家長和學生參與。且應佈置適當環境，妥善運用社會資源，才能針對資優兒童的能力、特性和需求，輔導其達成資優教育目標。

第 3 節　資優教育課程設計的概念模式

一、資優教育課程設計的概念模式

本書對於資優課程的設計係依據下列架構（見圖 2-7），此架構係擴大圖 2-6 的理念而來。可供設計資優教育課程之參考。

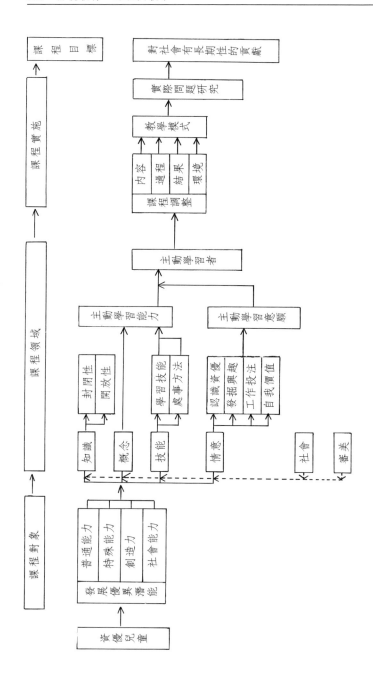

圖 2-7 資優課程設計的概念架構

(一)確定課程對象

資優課程之設計當然以資優兒童為對象。由於資優兒童在普通能力、特殊能力、創造力或社會能力方面具有一項或多項的卓越潛能，資優課程乃在發展這些優異的潛能。

(二)發展課程領域

資優課程設計必須兼顧認知、技能和情意三大領域。認知課程係以知識的獲得和應用為基礎。一般而言，學科知識可分成封閉性知識和開放性知識二種。所謂封閉性知識乃指該學科知識本身呈緊密的知識系統，可以迅速一貫地加速學習。如數學、電腦等，較不受年齡和經驗之影響。至於開放性學科知識係指該學科知識雖有其系統，但較不嚴謹，且涉及範圍較廣泛，如國文、美術等這些學科知識必須以經驗做基礎，有更多經驗者其學科知識必較豐富，無法急進，故以採充實制為宜。

知識必須加以抽象化或概念形式才能類化。概念乃是學習原理原則和解決問題的基礎。知識如果不能成為概念，將只是一堆死知識無法利用。因此，將知識抽象化而成為概念，再由概念形成原理原則，乃是資優生認知課程的重點。

課程領域的單個要項是學習技能的教導。也就是強調學習如何學習和如何待人處事的方法，例如如何分析、如何綜合、如何解決問題，以及人際技能等。

資優生有了知識、概念和學習技能，才能具有主動學習的能力。

課程領域的第三大要項就是情意教育。包括認識資優、發掘興趣、工作承諾和積極正向的自我觀念等。此為培養資優生主動學習意願的要項。

資優生有了主動學習的能力，也有主動學習之意願後，才能成為一位主動學習者，終其一生，都不需他人督促而能自我成長。

(三)調整課程實施

課程之實施有賴教師之教學，因資優生有特殊學習需求和特性，必須將普通課程加以調整，包括課程內容、過程、成果和學習環境之調整。也可依據不同的資優教育理念形成不同的教學模式。惟一切教學和獨立研究均應以實際問題研究為重點，使其學習與生活相結合。

(四)達成課程目標

透過課程實施而達資優教育課程之目標，也就是預期資優生將來能對社會有長期性之貢獻。

二、對資優課程設計之建議

設計資優課程應先了解資優課程的基本理念及其哲學架構，進而了解設計過程及其要素，如課程範圍和課程順序。尤其在不同位階有其不同的課程設計重點，例如全國性課程設計人員和教師在教室內的教學設計應有不同的重點和方式。同時應了解普通課程的設計架構及其理念，並能夠加以修改以符資優教育之所

需。單元的編寫如能統整人文課程，融入思考技能和創造能力之訓練，更能符合資優教育課程之精神。茲歸納建議如下：

1. 資優教育工作者應了解普通課程的基本要素，而且能夠加以轉換而成資優教育課程。如此，才能使資優教育和普通教育相融合，相互採用，不僅可用於資優班，且可用於普通班。

2. 資優教育工作者應了解資優課程發展是持續不斷的重要工作。依據課程發展的不同階段和順序，逐漸設計或修改資優課程，以滿足資優生的需求。

3. 資優教育工作者應了解課程設計的基本原理、過程和技巧，隨時可參與資優課程的工作。尤其有能力發展課程範圍和順序，使資優教育課程上下聯貫，左右聯繫，便於設計教學單元。

4. 資優教育工作者能夠發展課程的核心內容，以為設計資優課程及課程充實或加速學習之依據。

5. 資優教育工作者應能融入人文課程於資優教育課程中，以利實施科際整合之教學。同時可以加強情意教育，培養廣博心胸和高雅人格。

6. 資優教育工作者應能將特殊學習策略在特殊資優課程領域中加以實施。例如在認知領域中實施思考技能訓練，在情意課程領域中實施情意教育，在社會課程領域中實施領導才能訓練。

7. 資優教育工作者應了解課程和教學之關係。如何實施有效教學，運用最新科技和教學工具，以達成課程目標。

8. 資優教育工作者應負起資優課程發展的領導責任，安排適當進程，使資優生能夠順利進階，完成學校所安排的學習經驗活動。

第 **4** 節　*資優教育課程設計的模式*

一、內容模式

　　採內容模式設計資優課程比較強調普通課程中基本技能概念內容的學習，鼓勵學生加速學習。為使學生精熟內容領域，往往採取診斷處方的方法（diagnostic-prescriptive approach, D→P）。教學前，先對資優生施予診斷評量，再依據評量結果設計教學方案施教。這個方法固然可以依據學生不同需要設計不同的課程，便於實施個別化教學。學生也可以依據其能力加速學習。但是，較不適合於在班級教學中來進行。一則因為普通教師較不具備這種能力，再者因為資源班教學時也都較少以核心課程的基本技能和概念為教學內容。這種課程設計模式也許較適合於中學階段，以及少數系統性較嚴謹的科目（如數學），但是，必須教師具有這種能力，（如教師具有運用 SOI 測驗的能力，以診斷資優生的長處和短處，然後有能力設計教學方案以補其短），否則，恐怕教師只會把原來的教材加速進行教學而已。

　　雖然採用此課程模式的教師常常採用講述討論法，但多數教學者仍主張教師應是一位催化者，鼓勵並協助學生加速學習。基本上，本課程設計模式強調教材的系統性和累積，所以便於做

成就評量，易於看出教學實施的效率。

二、過程模式

　　採過程模式設計資優課程者強調研究技能的學習。希望培養學生研究能力，使其在科學和社會科的研究中產出高水準的成果。採用這種資優課程設計模式的學者都主張教學應是師生合作的一種團隊活動。重視學生獨立學習的能力和態度，教師主要提供諮詢服務。阮汝禮（Renzulli）的三合充實模式乃為此種課程模式的代表，目前已廣泛應用在資優教育中。此種模式首在培養學生獨立研究的能力，經由與典範良師的接觸，學生能夠自行發現問題，自行尋求解決的方法。首先從問題中找出研究主題，繼而搜集研究相關資料、選擇適當研究設計與方法，然後寫成研究計畫。此計畫不只由教師評估，更應送請專家學者評估。如此，學生不僅在學習過程中發展研究技能，而且較能獲得高品質的研究成果。內容教學不是主要目的，而是研究中隨性或必然的成果。本模式不應加速，而應加深加廣。其結果固然有助於資優生過程能力和學習方法的培養，但是忽視了核心課程的系統性和聯貫性。過度強調獨立學習對需要發展基本能力的國小兒童而言是否適當尚待評估。

三、概念模式

　　本模式強調資優生對於知識體系的理解，而不是知識元素的

學習。課程設計在導引學生去學習主要理念、原理原則，並綜合、內化於學生的知識基模之中。教師主要採發問法，鼓勵學生討論和辯論，從而發展學生以審美的態度來欣賞知識的主要理念和原理原則。

此模式對智能資優者較為適當，因其較能理解各種理念間的相互關係。所以本模式特別重視各種概念形式和內容之間的相互關係，這種相互關係的理解往往不是在一種科目或傳統教學中可以獲得的。此外，本課程設計模式也重視創造的過程，使學生能夠參與創造過程，培養創造能力，以獲得並分析創造成果。同時，資優生可以從理念的討論產生欣賞知識的情感，從藝術欣賞中產生審美的態度，從人類學的研究中產生自我認同感。易言之，可以融合認知和情意的學習。

許多資優課程設計者如梅克爾（Maker, 1982）的統整學習課程，和譚南邦（Tannenbaum, 1983）的充實矩陣模式等都屬於本模式，重視各學科領域間的類推和科際整合的研討。所以教師必須對各學科有深入了解，且有良好的教學能力，更需有民主的教學態度，才能使學生發現相互關係，獲得普遍原理。

表 2-2　三種資優課程模式的比較

內容模式	過程模式	概念模式
①加速學習	①專題深入研究	①發現學習
②重視效率	②重視結果	②重視理念的欣賞
③採診處法（D→P）	③資源教學	③討論法
④依智能內容組織教材	④依學科過程組織教材	④依主題或理念組織教材
⑤教師是催化者	⑤師生合作模式	⑤產婆法

第 **5** 節 *資優教育課程設計的類型*

一、加速制課程

前面說過,封閉性知識如數字、音樂和電腦等適用採用加速制的課程設計方式。對於某種知識內容且有特殊能力之資優兒童可以使其有加速學習的機會。主要的加速型態課程有下列幾種:

1. 提早學習課程:以課程遷就兒童學習能力。

2. 跳級式課程:以兒童去適應課程安排。

3. 單科加速課程。

4. 縮短年限課程。

5. 提早完成課程。

6. 晉級安置課程。

此種方式係由學生來就課程,學生可依其學習速率提前學習課程。學生可以保持高度的學習興趣。

二、充實制課程

此種方式是以課程調整來回應學生之需求。包括內容、過程、成果及環境充實等。

(一)內容導向的充實方案（Content-oriented program）

內容充實通常包括加深和加廣二方面。就課程設計的原理來說，課程應包括範圍和順序二個向度。加深和課程的順序有關，而加廣和課程的範圍有關。內容充實並非加多教材份量或作業，而是有計畫有意義的延展或加強學習經驗。表 2-3 可以彙整說明內容充實的涵義、依據和方式，可供教師參考。

表 2-3　內容充實的資優課程

類別	加　　深	加　　廣
意義	學習經驗的邏輯順序深入探討	延展學習經驗之範圍
依據	1. 資優生優異能力 2. 個別成長特性 3. 資優生的興趣和需求 4. 資優目標	1. 資優生的需求 2. 社會和學校的需求 3. 學習原理
方式	1. 教材的理解 2. 難度和複雜度 3. 抽象化 4. 原則性 5. 思考過程和方法	1. 學習遷移至其他科目 2. 概念和原則的統整 3. 延伸學習機會 4. 將學習經驗應用之於個人的社會成長
說明	充實制乃是提供資優生適當學習經驗的一種方式，可以符合資優生的需求，也可以結合教師的教學和學生的學習內容。充實應是課程發展的統整而非單一向度。為資優生提供必要的適異性的課程。	

內容導向的充實方案以發展資優生的知識概念能力為重點。透過教材內容的學習，使資優生一方面可以精熟基本知能，進而形成概念，理解原理原則，以為解決問題及發展創新奠定良好基

礎。其產出能力及產品品質將較為優異。本方案主要包括下列實
施方式：

1.微縮課程

所謂微縮課程係將學科加以簡化，編製成可在短期內教學或
供學生完成學習的教材。其主要安排方式有下列幾種：

(1)科目本位的微縮課程：此種微縮課程安排的方式是以某一
學科為一成套教材。例如人類學、心理學、經濟學等。教材經整
編後，教師可在很短時間內輔導學生了解人類學、心理學或經濟
學的重要概念。微縮課程編排內容應顧及學生的理解程度，其使
用語言也應在資優生的理解能力範圍內。易言之，國中資優生的
微縮課程在內容和概念的層次上將不同於國小資優生。

(2)主題本位的微縮課程：微縮課程的編製可以打破學科的界
限，以某一主題為範圍來編寫。例如：環境保護、兩性平等、營
養均衡等。主題的選擇以當前發生的實際問題，或學生日常生活
中經常會遇到的主題較佳。主題的選定可由師生共同議定，資料
也可由師生共同收集。

(3)技能本位的微縮課程：微縮課程可用以協助資優生學習某
種技能。例如：電腦技能、珠算技能、游泳技能、攝影技能等。
這些技能可先做工作分析，再以技能獲得順序縮寫成套教材，便
利教師教學與學生學習。

(4)其他：除前述學科、主題和技能本位的微縮課程外，其他
許多領域也可採取微縮課程的方式來教學。例如：創造思考能力
中流暢性、變通性、獨特性、精密性等能力的訓練。歸納法和演
繹法的教學、批判性思考與問題解決法的學習等均可以編成微縮

課程。

2.歸納法

歸納法是邏輯思考的重要方法。其雖為思考技能的一種，但其結果往往可以獲得重要概念及原理原則，所以可以做為內容導向充實方案的一種方法。

歸納法是從許多具體物相或事件中找出其共同屬性，因而形成對某些物相或事件的概念、原理、原則。例如：學生看到第一個三角形，認知三角形有三個頂角、三個邊的屬性。看到第二個三角形也有三個頂角、三個邊。看到幾個三角形也是三個頂角、三個邊。所以他歸納三角形都有三個頂角、三個邊。又如甲生較 A 生用功所以甲生成績好；乙生較 B 生用功，所以乙生成績也比較好，丙生也較 C 生用功，所以成績也較 C 生好。……由許多事例可以歸納出用功的學生成績會比較好。當然，歸納的結果只是一種可能性。事例越多，可能性越高。

歸納法在科學研究及問題解決上應用甚廣，其所根據的推理有下列特徵：

(1)從多個具體物相或事件中去推理，而非依據普遍原理去推理。

(2)採類推論證法，即找出許多事件或物相的共同之處，以為推理之主要依據。

(3)歸納法所得結果只能視為「邏輯的可能」而非絕對有效。

(4)在推理中，每一命題所包含的名詞都相同。

3.典範良師

為發展資優生的優異潛能，最好由具有優秀專門知能和教學

方法的教師來擔任。但是，許多教師或家長都缺乏可以指導資優生的專門知能。所以可以安排典範良師，配合教師和家長共同指導資優生學習。典範良師的選擇必須注意下列幾點：⑴有優異的專門知能，⑵有輔導資優生的意願和時間，⑶有良好的溝通能力，⑷有指導資優生的熱忱和耐心，⑸有健全的人格特質，足為資優生之楷模，⑹有提拔後進的胸襟。

4.兒童大學

為使資優生及早體會研究氣氛及學術生活，並與大學教授及大學環境早日接觸，可安排資優生參加大學開辦的夏令營或週末活動，以產生教學功能。許多熱心的大學教授，願意奉獻心力去培育資優的下一代，往往利用週末假日或寒暑假開辦一些適合資優生參加的活動，資優教師宜盡力和他們配合，甚至主動要求大學開辦類似活動，使資優生可以擴展學習領域。即使參觀大學的設施及大學生上課的情形，對資優生也可以產生很大的作用。如果能夠讓他們聽聽課，做做實驗，和大學教授及大學生們談談話，更具有啓發作用。

5.社教機構

資優教育應充分利用社區資源。社區內的博物館、科學館、美術館、音樂館和圖書館等都是很重要的資源。資優生可以利用這些機構充實其學習內容，擴展知識視野，以期早日奠定研究的興趣和基礎。

㈡過程導向的充實方案

本方案係以培養資優生過程技能為要務。由於過去過分強調

內容知識的學習成果，而忽視了學習方法和過程的學習，並在類化和應用上受到限制，為求學習效果之擴大推廣和創新應用，此種充實方案已成為資優教育的主流。

1.培養問題解決能力

生活與學習實際是一連串的問題解決過程。前述內容導向的充實方案所學得的內容知識並非資優生的學習終點，而是用來解決問題。無論在科學、數學或語文、社會學科都會用到問題解決能力。許多已設計的問題解決方案都可以用來培養資優生問題解決能力。如杜威的問題解決過程，Orsborn 的問題解決法等。

2.培養各種思考能力

訓練資優生思考能力是資優教育的重要目標之一。例如一般思考能力，垂直思考與水平思考，聚斂性思考與擴散性思考，創造性思考，評判性思考等都是充實方案中重要的能力。

3.培養創造性問題解決能力

Parnes 利用創造思考於問題解決中，首創創造性問題解決法。此種方法對資優生而言是一種很好的過程技能，教師如能善加運用，可以提昇資優生解決問題之能力。

4.運用智力結構模式設計充實課程

吉爾福特（Guilford）的智力結構涵蓋思考內容、思考過程和思考結果三個向度，以其交集做為智力結構的基本單元，可以做為設計充實課程的主要內容。各種基本的學習活動大多包含在此模式中，可做為充實之用，也可做為補救之用。

5.以培養創造力為主的充實方案

Renzulli 的三環論強調創造力對資優生的重要，所以充實課

程通常會包括創造力的訓練。除創造思考技能之訓練外，重視創造能力本身的培育，創造性人格和動機的培養。能有創造性的人格特質，創造能力才能有所展現。

6.以改進學習策略為主的充實方案

專門為改進資優生學習策略的充實方案並不多。但是，因受到訊息處理論的影響，研究改進資優學習策略的主張已逐漸受到重視。尤其在閱讀策略方面，已有相當不少的研究，可以參採應用，以增進資優生應用學習策略的能力，進而提昇其學習效果。

㈢成果導向的充實方案

此種充實方案強調在學習成果而非只是內容和過程，當然學習成果乃是學習內容和學習過程的必然結果，在充實課程設計中不能不包括學習內容和學習過程。學習成果有些是有形的，有些是無形的。有形的如報告、作業、圖表、錄音錄影帶，無形的學習成果包括情意領域與思想方式等。

1.三合充實模式

此模式在第一類充實活動時強調各種學習內容的探索，以發現其興趣領域。第二類充實活動著重在方法訓練，以培養過程技能。第三類充實活動乃以第一、二類充實活動為基礎，以實際問題之研究為主要內容，其結果乃期望學生提出合乎水準的學習成果，故列為成果導向的充實方案。

2.情意教育

許多資優生的教育問題不在於課業內容或學習方法而在於人格與態度。此種充實活動的結果都為產生無形的學習成果，包括

態度的改變、動機的增強和人格的健全發展等。Betts 的主動學習模式可為代表。包括補救性（對有情緒困擾者施予補救性活動）、發展性和統整性（對正常資優生先使其人格健全發展，再使其與其他領域的學習相統整）。

3.生涯教育

教導資優生從生涯試探、生涯了解、生涯計畫的學習過程中培養生涯參與的興趣與能力，並能切實參與且有所貢獻，成為一位對社會有長期性貢獻者。

(1)生涯試探：學生參與生涯活動可以了解各種生涯。在校中如能加強生涯試探的活動，對於畢業後的生涯選擇將大有助益。學校輔導室可利用國小團體活動時間或國中輔導活動課設計單元授予有關各種生涯活動的知識，再以腦力激盪術就各種生涯領域加以探討，提供各類資料讓學生閱讀，參觀各種生涯活動之有關設施，邀請各類生計活動代表人士前來座談。學生各自選定試探之生涯活動後，可拜訪有關生涯活動之傑出人士，深入研讀有關書籍，學生可在小組中分享個別探討之結果。

(2)生涯了解：資優生透過生涯試探的活動後，已初步對各種生計中的若干領域發生較濃厚的興趣。此時，教師可協助其就該領域做進一步的了解。包括該生涯領域的要求條件，發展的可能性，對社會的貢獻程度，相關領域的知能，可資利用之社會資源等。尤其了解個人興趣、能力和需求等與該生涯領域之關係。為促進資優生深入了解，可透過閱讀、訪問、座談、參觀，以及調查等活動，以達到生計了解的目標。

(3)生涯計畫：兒童透過生涯試探及其他活動，深入了解某種

生涯活動，因而對生涯領域有初步的體認和選擇之後，可以在教師或生涯發展專家的指導下，試擬生涯計畫，以為生涯參與之準備工作。資優兒童都是未來各生涯領域的領導人才，必須依據其生涯選擇，了解如何做生涯計畫，才能有較大的發展可能性。他不僅要計畫如何從事該生涯，更要計畫如何領導某一生涯領域。當然此種生涯計畫並非最後方案，仍必須隨時依實際進行情況加以修正，甚至在一段時間之後，發現興趣有所轉變，仍可改變生涯領域，重新訂定生涯計畫。Taba 所提關於做計畫的能力，可應用於擬定生涯計畫。

(4)生涯參與：經多次試探後，學生可直接參與生涯活動，由學生就試探的生涯活動中選定三至四項親自參與。教師及輔導人員共同加以評估，並協助安置於實際情境中，使能有 20 至 50 小時的實際經驗。學生實際參與生涯活動後，應舉行研討座談會，邀請生計專家、生涯活動負責人員、教師、家長及其他同學參加，共同研討參與心得，對於學生的生涯發展將大有助益。

4.領導訓練

資優生不論在研究領域或從業領域往往是一個團體的領導者，所以應該施予領導訓練。其充實課程不僅要充實其領導知能，更應訓練其領導的人格特質。許多領導者雖有領導能力，但缺乏帶人、服眾的人格特質，所以無法成功。本充實方案應能力和方法並重，技能和態度兼具，才能成為一位成功的領導者。易言之，兼重內容知能、方法技術和情意氣質三者。

㈣加深制課程

　　此種課程安排之策略係就普通課程的某一主題加以深入探討。例如地理課講經緯度，資優生可以採迷你課程的型式，深入研究經緯度之由來及其作用等。廣義言之，也是充實制的一種。

㈤獨立式課程

　　此種課程設計的策略是安排完全不同於普通課程者，例如可採迷你課程的方式，教導資優生符號邏輯等。此種方式適合於夏令營、週末營或在獨立特殊性的活動。

第 6 節　資優教育課程設計的程序

　　資優課程設計是一連串複雜、機動的過程。有賴專家學者、行政人員、家長、教師，以及學生的通力合作。其主要程序如下（參見圖 2-8）：

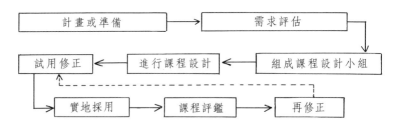

圖 2-8　資優課程設計程序

一、計畫或準備

　　設計資優課程之前，必須先做妥善計畫。有完善的準備，才能做好課程設計的工作。在計畫或準備階段，必須探究下列各種事項：

㈠確定課程哲學

　　資優課程設計者應先決定依據何種哲學來指導設計資優課程。Eisner 和 Vallance（1974）提出六項課程哲學，可以做為指導資優課程設計的參考概念。

1.以認知發展為導向的課程哲學

　　此學派係受官能心理學的影響，認為資優教育的重點應在發展學生的認知過程技能，例如：批判思考、創造思考和問題解決等。教學非以內容知識為重點，而是以高層思考為重點，易言之，藉內容知識為材料，教導高層思考等認知過程技能。如此，才能遷移學習結果，用以解決生活周遭的問題。許多資源班的教學大多以教導認知過程技能的發展為重點。

2.以教學工學為課程設計形式的課程哲學

　　近年來，課程設計深受教學工學所影響，強調教學細目的分析、行為目標的敘寫，教學結果的精確評量。資優教育課程也受此影響，用以設計資優課程。

3.以學生需求為導向的課程哲學

　　此派課程哲學係受進步主義和經驗主義的影響，強調兒童本

位的課程設計方式。主張資優課程之設計應以兒童的需求、興趣、能力為中心。課程目標和教學活動應和資優生的生活經驗相結合。課程設計者應先了解資優生的能力、興趣、特性和需求，以此為課程設計和教學活動的起點，才能使資優生主動樂於學習，產生積極的師生互動。

4.以社會重建為導向的課程哲學

此派學者認為學校是社會的改造者，教育的功能足以造成社會的改變。尤其資優生是未來社會國家的棟樑，其卓越的潛能若能加以發揮盡緻，必能形成更大的社會重建力量。因此，課程設計方面主張以大社會文化為內容，積極參與社區振興活動，包括訂定法規、公約，舉辦環保座談，從事社區文化研究，參觀社區文化設計，出版社區文化通訊等。

5.以學科知識和理性發展為導向的課程哲學

此派的課程哲學受傳統理性主義的影響，強調學科知識學習對資優生的重要性。透過學科知識的學習，以促進資優生的理性發展。所以學科知識應成為資優生教育課程的主要內涵。

6.強調生涯發展為導向的課程哲學

近二十年來，生涯教育的理念已普遍為教育界所接受，自然也影響資優教育。此派主張教育要為資優生的未來生活而準備，因此，生涯發展課程應成為資優生教育課程的一部份。資優教育中常採用的典範良師制也可以和生涯發展課程相結合。

(二)界定資優課程涵義

在設計資優課程之前，宜先界定其意義和範圍，究指科目而

言或是學習的經驗，全面性課程或單元性課程，是否包括學習活動。教材教法與評量是否涵蓋在內，只是校內的學習經驗或包括校外學習經驗。本書是從較綜合的觀點界定資優課程為：「在學校安排下一切有系統、有組織、有意義的校內外學習經驗和學習活動。」

㈢檢討普通課程對資優兒童的適用性

資優生不論是單獨成班，或是混合在普通班中就讀，都必須精熟該年級的普通課程，若該普通課程適用於教導資優兒童，則可以直接採用，有些雖然不完全適用，但是只要稍加修正就可以適用，甚至有些完全不合用，則必須另行設計新的資優課程。

㈣選取適當的資優教育目標

資優教育的目標，總括來說，乃在發展其最大潛能，以期未來能對社會有長期性的貢獻。但若分析言之，則可以有下列數項：

1. 依據資優生的學習能力，以加速和加深的方式精熟基本技能。

2. 增進資優生批判思考和推理能力。

3. 增進擴散性思考能力。

4. 孕育探究性和挑戰性態度。

5. 發展優異的讀寫技能。

6. 發展研究技能和方法。

7. 增進理解外在世界有關的知識系統、主題和問題之能力。

8.增進自我了解。

9.運用社會資源的能力。

10.增長未來計畫和發展的能力。

　　課程的目的乃在引導學生達成教學目標，由於目標之不同，課程設計應該有所差異。例如：要「培養批判思考能力」的目標，和「增進自我了解」的課程設計在內容上和方式上當然不完全一致。前者屬於認知領域的課程設計，後者屬情意領域的課程設計。

㈤注意課程的銜接

　　資優課程不論加速或充實、加深或加廣，其複雜度、多樣性和難度將逐漸增加，為使資優兒童的學習能夠獲得統整的概念，必須注意各課程領域和內容技能間的銜接。不僅概念的發展必須有系統的呈現，各種思考技能如批判性思考、創造性思考，以及問題解決法等都應作系統性的安排，並做有意義的關聯銜接，才能依據資優兒童的心智發展順序以及課程的內容設計適當的資優課程。

㈥其他考慮事項

　　Tyler（1949）認為設計資優課程時宜考量下列各項：

1.資優課程所欲達成之教育目的為何

　　設計資優課程之前必須預先決定所欲達成之目標，不同的目標可以透過不同的課程來達成。符合資優兒童需要的目標宜考慮下列條件：

(1)能否增進資優生在學習相當難度的教材時，具有相當的效能。

(2)能否有創造性的產出。

(3)能否使成為自我實現的學習者。

(4)能否使其自負學習責任。

(5)能否增長其研究技能、觀念和知能。

(6)是否具有組織性和經濟性。

(7)能否使具科際整合的學習。

2.如何選擇學習經驗以達成教育目標

學習經驗的選擇和安排對資優生的學習興趣和學習效果有很密切的關係。例如研究導向的學習經驗、團體問題解決的情境、獨立學習活動，以及小組研討等方式都是適合於資優生的教學經驗。

3.如何組織經驗以增進教學效果

資優課程的設計宜注意學習經驗的系統性和聯貫性。不同的組織方式便成為不同的教學模式。各種教學模式又各有其優越點，因此，組織學習經驗時可同時採用數種模式，以能實施有效教學為主。

4.如何評量課程設計的有效性

在設計資優課程時應同時考慮課程效果的評量問題。在課程實施過程中也應進行形成性評量，課程實施後再進行總結性評量。下列各項在評量時宜特別加以注意。(1)是否符合年齡程度和能力水準。(2)是否徹底涵蓋學習課程內容或主題。(3)是否允許透過各種資源或意見做多樣化的學習。(4)是否有小組研討的機會，

⑸是否有獨立研究的機會，⑹是否隨著學習過程逐漸增加其興趣和動機。

　　總之，資優課程設計的原理和普通課程的設計有許多可以互通之處，惟因資優兒童有其特性，故課程設計時較重高層思考的學習經驗，問題解決的策略，獨立研究的倡導和加深加廣的學習等。以下原則係在計畫階段所應考慮的事項：①課程設計應受課程哲學所指導。②宜符合資優生的需求。③強調各知識領域的整合。④技能與概念發展的平衡。⑤課程宜注意上下左右的銜接。⑥考慮評量課程的有效性。

二、需求評估

　　課程設計必須符合資優生的特性與需求，教學也必能顧及資優兒童的特殊需要。因此，設計課程之前必須進行資優生的需求評估（need assessment）。其次，國家或社會對於優秀人才的需求、資優教育中各項措施的需求，以及資優師資和課程的需求等都應事先加以調查評估。（圖2-9）

㈠優秀人力資源評估

　　各行各業都需要少數優秀的人才，其需求情況如能事先加以調查了解，有助於資優教育方案的設計和資優課程的安排。包括類別間的評估和類別內的評估二種。類別間的評估在了解各類人力資源的需求，例如太空科學人員需要多少人等。至於類別內的評估則在了解何類人才需要何種特殊能力，以為課程設計之參考。

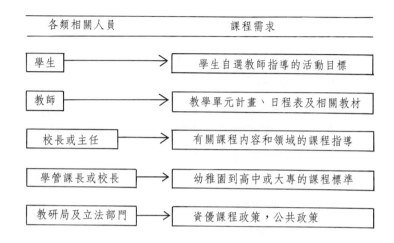

各類相關人員	課程需求
學生	學生自選教師指導的活動目標
教師	教學單元計畫、日程表及相關教材
校長或主任	有關課程內容和領域的課程指導
學管課長或校長	幼稚園到高中或大專的課程標準
教研局及立法部門	資優課程政策，公共政策

圖 2-9　各類人員的課程需求評估

(二)資優教育現況的評估

我國自民國六十二年實施資優教育計畫以來，已有相當成就，但仍有許多不足之處，值得改進。依據文獻的探討、現況的觀察、訪問座談、問卷調查等可以評估資優教育現況的需求。下列項目在需求評估時宜加以了解：

1. 是否訂有適宜的資優教育目標？

2. 是否有足夠的資優教育計畫？

3. 是否為綜合性之計畫或是特殊性計畫？

4. 是否有適當的課程與教材？

5. 是否有足夠的合格師資，是否受過良好訓練？

6. 是否有足夠的經費支援？

7. 是否有足夠的社會資源？

8.是否依資優生的需要與特性設計課程，還是依據行政方便或資源的便利來設計？

9.是否有適當的選生標準？

10.是否有足夠研究以支援課程的設計？

11.社區或社會對資優教育的關心程度？

12.是否有課程發展小組？由哪些人組成？

(三)評估學生的需要

這是設計資優課程前最需要了解的，也是設計有效能的教學計畫所必須參考的資料。下列項目是可供評估的參考：

1.教學活動是否有足夠的複雜度，且認知與情意兼顧？

2.是否有擴散性產出的機會？

3.是否授予批判性思考、創造性思考、研究、問題解決、意外調適、做決定的領導等技能？

4.是否具有挑戰性的課程內容和學習活動？

5.是否有機會與其他資優兒童研討？

6.是否提供其了解人類價值體系的經驗？

7.是否理解各知識領域間的相互關係？

8.是否有機會接觸校內外各種新的知識領域？

9.是否有機會應用其智能於實際生活情境中？

10.資優生之優缺點為何？是否善用其優點以進行加深加廣學習？是否實施特殊課程以修正或改善其缺點？

11.資優生的學習特質為何？有無針對其特殊需求設計課程？

12.資優生的人格特質為何？是否需要特殊輔導？宜安排何種

特殊輔導？

　13.資優生的學習動機為何？是否有強烈的學習動機？如果沒有，如何安排特殊課程以增進其學習動機？

　14.資優生的興趣領域為何？

　上述這些項目可以歸納成表 2-4 和表 2-5，可供教師評估學生需求之用，此種需求評估對課程與教學活動之設計都很有幫助。

表 2-4　資優生需求評估表（Van Tassel-Baska, etc. 1988）

需　　　求　　　項　　　目	需　求　程　度					
	5	4	3	2	1	0
1. 基本認知技能						
(1)批判性思考						
(2)創造性						
(3)問題解決技能						
(4)研究技能						
(5)做決定技能						
2. 基本情意技能						
(1)對自己和他人的忍讓						
(2)建設性的應用幽默						
(3)調適自己與他人之差異						
(4)能區別現實與理想						
(5)善用高度敏覺力						
3. 對優異和感興趣的領域要求較高的成就						
4. 有試探新領域的機會						
5. 有洞察知識領域間的相互關係的機會						
6. 了解人類價值體系之經驗						
7. 與其他資優生研討						
8. 複雜度較高之活動						
9. 擴散性產出之機會						
10.在實際生活情境中研究實際問題之機會						
11.社會資源的運用						
12.團體互動或團體歷程						

表 2-5 資優課程的需求評估表（Van Tassel-Baska, etc. 1988）

1. 適合年級？
2. 各年級有無適異性課程？
3. 資優課程有無透過資優生加以評估？
4. 有無課程效果的評估？
5. 教師對所採用之資優課程是否有加以評估？
6. 現行資優課程有何缺點？
7. 資優生的需求與資優課程是否相符？
8. 資優課程所能達成之目標爲何？
9. 課程領域有無顧及資優生的特質？
10. 課程領域（認知、情意、技能）是否平衡？

三、組成課程設計小組

　　資優課程的設計，向來多由資優教育工作者或教師來設計，這種方式固然有其優點，但是缺乏學科專家、心理學專家以及其他相關人員的參與，常常無法在內容深度或情意領域上，真正滿足資優生的需求。因此，最好能夠由資優教育工作者、學科專家、心理學專家及相關人員組成課程設計小組，共同規劃，詳加研討，才能發展或設計適合資優兒童需要的課程。不同的小組成員有其不同的功能（參見圖 2-10）。

㈠就課程設計哲學言

　　1. 設計資優課程所依據之課程哲學，若是強調內容本位或科際整合，則設計者應熟悉知識內容領域內的主要技能和概念，以

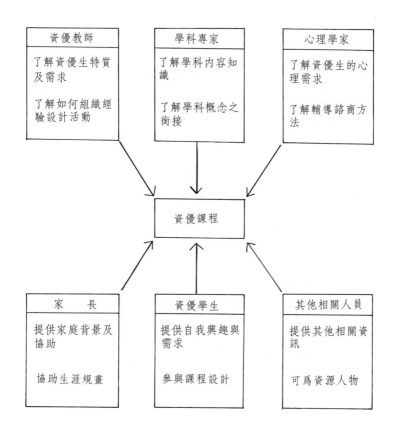

圖 2-10　資優教育課程小組成員

及概念發展之順序，以為設計課程之依據。一般資優教師不一定
精熟內容知識，所以最好由資優教師和學科專家共同組成課程設
計小組，各獻所長，以設計良好的資優課程。有時，不一定涵蓋
學科專家在課程設計內，但可諮詢課程專家關於學科知識的概
念，而由資優教育工作者主導課程設計，在必要階段再邀請學科

專家參與。

2.課程設計若強調情意層面,則應包括心理輔導專家為課程設計小組成員。這些專家可以提供資優生的心理成長過程,以及處理資優生的心理適應問題,所設計的資優課程較能培養資優生健全的人格發展。

3.以生涯發展為導向的課程設計方式,往往必須包括生涯輔導專家、家長、社會人士以及資優生本人等。此小組的組成不一定包括所有各界人士,但可在必要時邀請參加,例如請工商界人士,在設計生涯課程時出席提供意見。

㈡就課程設計層次言

不同的層次需要不同的小組成員參與。不同層次的人員對於資優課程的設計也有不同責任。

1.全國性的資優課程設計

國家為實施資優教育,應邀請專家學者組成小組,首先決定課程政策,究以個人發展為重點或是社會效用為重點,不同的課程政策將會有不同的課程設計方式。其次,依課程政策和課程哲學決定課程內容領域。小組成員宜包括資優教育人員、課程專家、學科專家、心理輔導專家、以及行政人員或立法人員等,以決定全國性的資優課程參考架構。

2.全校性資優課程設計

一校為實施資優教育,可邀請校內外有關人士組成小組,參與全校性之資優課程設計。其重點在運用社會資源規劃實施資優教育方案,全校有關行政人員、教師、社會資源人士等均應邀請

參加，其重點在參考全國性資優課程架構，依據學校及社區實際
情形，布置最有利於實施資優教育課程的環境。其設計範圍以跨
年級為宜，以能力為主、主題為主，而非以年級為主。

3.班級內的資優課程設計

此層次之課程設計重在教學計畫之編寫、教材的編造、教具
之選用、教學場所和教學時間之安排，以及教師之配合等。以實
際教學為主要考慮，本來可由資優班教師來設計即可，但是，為
求有效設計實施，仍以組成小組為宜，成員包括資優教師、專科
教師、輔導教師、家長，以及資優生等。包括資源班、特殊班、
特殊方案，或普通班內資優課程的設計，都屬於此一層次。其設
計方式有以專題為主的特殊資優課程和以普通課程的調整或修改
為主的資優課程，各有其優缺點。

此外，設計或發展資優課程尚需注意下列幾項原則：(1)不可
匆促決定，宜有較長的規劃時間，而且應該做長期的課程設計，
至少應有三年的時間，才能有連續的效果，而且讓學生可以因不
同能力進行不同速度的學習。(2)充分運用資源，妥善分配資源。
包括人力、物力和財力資源的分配。是否有足夠的教師、是否有
代課經費讓資優教師可以參加在職進修活動，教學資源足夠嗎？
教學場所適當嗎？(3)注意改變的可能性。有些教師很容易接受新
的觀念，樂於接受新的資優教育理念，這種教師可列為優先協助
改變的對象。對於因循苟且、守舊頑固的教師不易改變，也較難
接受資優教育課程設計的新理念。(4)注意資優課程改變的優先
性。課程設計和改變千頭萬緒，若能齊頭並進，較能掌握全貌、
上下銜接、左右聯貫，但若時間、人力、或能力不足時，宜依輕

重緩急，排定優先順序。表 2-6 係課程設計優先順序檢核表，可以協助教師或課程設計人員發現優先順序，然後依優先順序決定課程設計之先後次序。（參見表 2-6）

表 2-6　資優課程設計優先順序檢核表(Van Tassel-Baska, etc. 1988

1. 哪一年級需要資優課程？
2. 哪一內容領域的課程需優先修正？
3. 哪些當前尚未採用的知識領域或課程內容須加以評估，以便列入資優課程之中？
4. 目前採用的資優課程是否需要優先修正？
5. 是否優先需要內容導向的課程模式？
6. 是否優先需要過程成果導向的課程模式？
7. 是否需要優先採用概念導向的課程模式？
8. 經研究結果，哪些部分的普通課程可以修正為資優課程？
9. 有哪些專家學者需要優先邀請參與資優課程設計的工作？
10. 資優教育工作者或教師在課程領域上是否有偏好？
11. 哪些技能宜優先列入資優課程加以發展？
12. 哪些概念宜優先列入資優課程加以發展？
13. 專書研讀時，何者宜優先考慮？
14. 專題講座時，何者宜優先考慮？
15. 名人講座時，何者宜優先考慮？
16. 名人研究時，何者宜優先進行？
17. 參觀活動時，何者宜優先安排？
18. 對於資優兒童的許多優點和缺點中，您優先發現其何優點？改正其何缺點？
19. 上述各項中列出五項最優先項目？

四、課程發展或設計

資優課程設計一向尊重資優教師的專業權，由資優教師依其專業知能和專業判斷加上個人喜好設計課程。此種個別設計的課程難免有所偏好，若能組成小組，集思廣益，分工合作，循序漸進，將可設計較完整的資優課程，其程序建議如下：

㈠搜集資料

設計資優課程的第一步工作就是要收集有關資優教育的資料，大至於資優教育哲學、目標、課程和教學模式，以及教學理論等，小至於出版品、自編教材、非書資料，以及其他各種教學資料等都可以加以收集、編選、組織、應用。其程序如下：

1. 決定選取適當資優課程之標準。

2. 已發展並經研究之各種資優課程和教學模式，審度其適用性。

3. 坊間出版適合資優生的教材並加以評鑑。

4. 大學或師範院校發展之資優課程和教學材料並試用之。

5. 選用已編寫之資優課程與教學教材。

6. 專為資優生編寫的各種教材。

7. 檢討教師手冊。

8. 訪問他校資優教育方案，請其提供教學資料，並互相討論。

9. 小組成員自編之教材。

11.小組成員共同檢討資料之適當性，是否需要修改，何部分需優先修改，為何修改，由誰修改等。

(二)現行課程之調整

所收集之資料並不一定完全適合資優教育的需要。大部分必須加以修訂。其程序如下：

1. 檢討普通課程中所列之知識領域和概念技能。

2. 將複雜度較高之概念和思考層次較高之技能列出並排定順序和範圍。

3. 另行設計適合資優課程之其他高層次思考技能與教材。

4. 併入過程技能和和獨立研究專案。

5. 設計適合不同年段資優生教學的問題或主題，以利實施問題解決或創造思考教學。

6. 編寫單元，隨時加入必要教材。

(三)編寫課程或教學單元

經由資料收集和課程調整後，即可開始編寫資優課程和教學單元，其實有關課程架構或單元主題在收集資料和現行課程的調整階段就已開始構思了。

1.整體課程的設計

資優課程的設計乃是將適合於資優生的學習經驗加以分析、調整、組織、綜合而成為一系列的有關聯、有聯貫、有系統、有意義的學習活動。其組織的方式有採圓周式、有採直進式，但均應包括範圍和層次（或順序）（參見圖 2-11）。層次包括年級

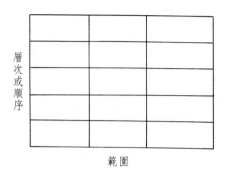

圖 2-11　資優課程基本架構圖

或年齡、發展任務的順序、概念和技能發展的難易度、列成順序，用以設計不同年段或不同程度的知識內容、概念和技能等。易言之，此種順序的分析與安排，可以使教師或教材編輯者了解一年級該教什麼？二年級該教什麼？……甚至高年級該教什麼？或何種概念或技能宜先教、何者後教。範圍包括課程領域範圍、技能範圍、概念範圍、過程範圍，以及成果範圍等。為求關聯其間之關係，可以下列三度空間架構來說明彼此間的相互關係（參見圖 2-12）。

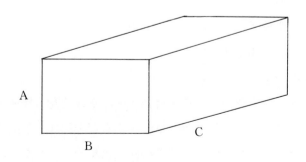

圖 2-12　資優課程的範圍架構

(1)A（內容）×B（過程）×C（成果）模式。Guilford 採取模式來表示智力的結構，資優教育工作者也可採此模式來設計課程。

(2)A（內容）×B（過程）×C（方法）模式。Berman（1968）採用此架構來設計課程。A 指課程領域或內容科目。B 指組織、做決定、愛、知、溝通、創造、價值以及感受等過程或技能。C 代表角色扮演、討論、電腦輔助教學等方法。

(2)A（內容）×B（概念）×C（方法）模式：A 代表課程領域或內容科目，B 代表必須授予資優生的各種概念，C 代表教學的方法。在內容學習中習得概念。

(4)A（技能）×B（概念）×C（方法）模式：A 代表資優生必須學習的技能，B 代表必須學習的概念，C 代表所採用的方法。在學習技能的同時也學習概念。

(5)A（認知）×B（情意）×C（行為）模式。在認知教學中培養情意或行為層面。在情意教學中教導認知和行為層面。在行為指導時融入認知和情意教學。

2.單元教學設計

設計教學單元至少應涵蓋下列要項：

(1)單元名稱或主題名稱。

(2)適用對象：年級、類別。

(3)教學目標：認知、情意、行為。或認知、情意、技能。

(4)學生特性分析：分析與本單位教學有關之特性。包括生理特性、心理特性、智能特性、學習特性、起點行為，甚至家庭背景等。

(5)教學資源：可用以教學之各科資源。

(6)教學者：包括必備知能、方法、和態度等。

(7)教學重點：配合教學目標。

(8)單元說明：說明實施本單元應注意之事項。

(9)教學過程：包括主要教學活動、學習活動、時間分配、場地安排、分組情形、教學策略。

(10)教學評量與預期結果。

(11)關聯課程或活動：上下左右課程之銜接與連貫。

(12)參考資料。

五、課程試用

課程設計之後必須經過試教和實地試用。試教人員應能徹底了解課程編製之哲學、意圖和方法，以及其欲達成之目標等。試教之對象、場所、教材、教具等宜儘可能和將來要實施的相近。課程設計者應實地參與觀察和討論，誠懇虛心接受意見，不斷加以修正，才能發展較適當之資優課程。表 2-7 可協助課程設計人員在觀察討論資優課程試用之時，評估試用結果。

六、課程實施

資優課程經過試用、修改後，便可供實地應用。由於資優教育的目標各異，資優生的類別、特性、能力、需求和教師對資優教育的哲學不同，所以不宜通令全國，一體實施。對於有興趣採

表2-7　資優課程試用評估表（Van Tassel-Baska, etc. 1988）

---

1. 主題是否適當？適合何種科目？
2. 年級是否適當？適合特定年級或全年級？
3. 對象是否適當？適合特定資優生或各類資優生？
4. 目標是否明確，可以達成？
5. 難度是否適合該資優生？
6. 是否合乎資優生興趣？
7. 是否配合資優生學習特性？
8. 是否合乎資優教育哲學？
9. 是否有足夠的彈性？
10. 教學策略是否適當？教學方法是否活潑？
11. 是否涵蓋某些特殊資優教育目標？
12. 是否容易實施？
13. 教學資源足夠否？方便取用否？
14. 教師勝任嗎？
15. 單元說明清楚否？
16. 教學過程適當否？
17. 教學活動安排妥適嗎？教學時間是否足夠？
18. 教學評量方法是否妥當？是否針對目標？可否評量出預期結果。
19. 教師的反應如何？
20. 學生的反應如何？
21. 建議改進意見

用的學校，其校長、主任及教師應參加資優課程說明會，以便了解該課程之哲學、目標、重點、實施方法，以及評量方式等。資優課程說明會宜由設計小組規劃執行，邀請試用人員參與研討。對於該課程之優缺點及實施時應注意之事項宜誠懇檢討。教師事前應對該課程深入了解、充分準備，教學過程中課程設計人員可

進入教室參觀，以了解教師教學情形及課程實施情形。如果需要
補充教材，設計小組在設計時宜列出所需資料名稱、來源、選材
標準等。其次，設計小組宜提供一份進度表和檢核表（如表
2-7）。最後，設計小組亦應提供有關修正、補充或變更本課程
的建議，以供使用者參採。

七、課程評鑑

　　課程評鑑是整個資優課程設計的最後階段，其重要性並不亞
於前述各階段。此階段的評鑑和試用階段有相同之處也有不同之
處。二者都在評估課程的效能。但是前者規模較小，後者較大。
前者重在對未定案者評估其不足之處，以供修正之參考。後者重
在對定案之整個課程評估其優缺點，提供他人選擇或後人修改課
程之參考。下列問題可在評估課程時提出：

　　1.宜增、減或改變哪些單元或單元中的哪些教材？

　　2.哪些學習經驗對資優生有興趣，且具有挑戰性？

　　3.如何證明資優生可以獲得高層思考能力？

　　4.哪些教學策略及教材可以有效教學本課程？

　　5.本課程之優缺點為何？

　　6.資優教師是否願意繼續使用此課程？

　　評鑑資優課程的另一種方法就是透過課程專家來建立課程的
內容效度。其要項如下：

　　1.課程目標。

　　2.課程與知識領域。

3. 課程的範圍與程序。

4. 課程與技能發展順序。

5. 課程與資優生學習環境。

6. 課程銜接。

7. 課程內容和邏輯一致性。

8. 課程與社會資源。

下列課程設計原則可供資優課程評鑑之準據：

1. 連續性：上下連續、左右連貫。

2. 適當性：適合資優生之興趣、能力和學習風格等。

3. 多元性：多樣化學習經驗。

4. 統整性：各種能力和經驗的統整培養。

5. 開放性：允許資優生做開放性學習，不做不必要的限制。

6. 獨立性：使能獨立學習。

7. 實用性：學習實用知能。

8. 複雜性：提供複雜性之原理原則和理念。

9. 自主性：資優生對學習活動有相當自主性。

10. 一致性：合乎資優教學的良好方法等。

11. 創造性：提供應用創造力的概念。

12. 互動性：能與同儕互動。

13. 價值性：發展資優生正確的價值觀。

14. 時機性：教之以時。

15. 科際整合：提供科際整合的學習經驗。

16. 溝通技能：培養資優生溝通技能。

17. 多種資源：運用各種資源。

18.加速學習：允許加速學習。

19.經濟性：便於資優生學習。

20.挑戰性：學習經驗對資優生具有挑戰性。

此外，Maker（1982）提出資優課程修正的二十五項原則，也可以做為評估資優課程及教學模式之用。茲列述該二十五項原則於後：

1. 在學習內容方面

(1)抽象化程度，(2)概念的複雜化，(3)教材的多樣化，(4)教材的系統性，(5)名人的深入研究，(6)方法的研究。

2. 在學習歷程方面

(1)是否具高層次思考，(2)活動的開放性，(3)重視發現教學，(4)結論須有推理證據，(5)在研究題材及方法方面有選擇自由，(6)允許團體的良性互動，(7)學習速度及種類符合資優生程度。

3. 在學習結果方面

(1)研究實際問題，(2)向有關人士提報，(3)能轉換成果表現方式，(4)評量化代替考核。

4. 在學習環境方面

(1)學生中心或教師中心，(2)獨立或依賴，(3)開放或閉鎖環境，(4)接納或批判學生意見，(5)環境的複雜性，(6)活動量的高低。

資優課程評鑑可在設計後實施前進行，也可在實施中進行（形成性評鑑），更可在實施之後進行評鑑（總結性評鑑）。至於評鑑方式可以參酌下列模式：

1.目標導向模式（Tyler, 1949）

資優課程乃為達成資優課程目標而設計。其能否達到此目的
應是資優課程評鑑的重點。

2.外貌評鑑模式（Sake, 1967）

此模式主要在評鑑課程實施和原構想相符合的程度。資優課
程設計者在設計之初，都有其構想。包括事前準備事項、執行中
實施情形、和執行後之成果考評等。依該課程構想實施之後，透
過觀察以了解實際實施後，事前工作、執行情形和成果考評是否
和原來的構想相符合。同時宜評鑑原來構想的課程設計中，事
前、執行和成果之間是否具有邏輯關聯性。進而觀察實施時，各
階段間的關聯性是否得到驗證（參見圖 2-13）。

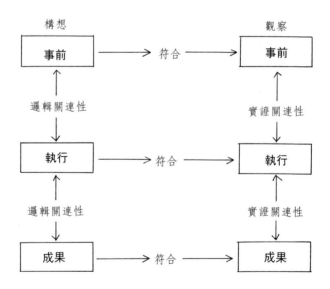

圖 2-13　外貌評鑑模式

3.差異評鑑模式（Provus, 1971）

此模式主要在比較實際表現和理想標準之間的差異程度。在課程設計之前，設計者可先以某一理想課程為標準，或以某一理想架構為參考準據，然後將所有設計之課程和理想課程或理論架構加以比較，以了解其差異情形，做為改進之參考。（參見圖2-14）

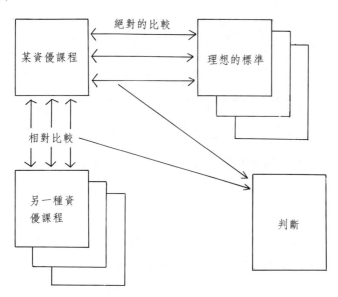

圖 2-14 差異評鑑模式

4.CIPP 評鑑模式

此模式係由 Stufflebeam（1971）所提出。C 代表背景（Context）、I 代表輸入（Input）、P 代表過程（Process）、P 代表成果（Product）（如表 2-8）。易言之，對於資優課程

的評鑑可從上述四方面著手。背景評鑑旨在了解課程目標和設計課程有關的背景資料,如學生特性、社會需求等,輸入評鑑旨在對所設計課程的方式和內容加以評鑑;過程評鑑旨在評鑑資優課程實施的情形;而成果評鑑旨在對資優課程實施結果加以評鑑。可供資優課程設計者修正或運用之參考。

表 2-8　CIPP 課程評鑑模式

	背景評鑑 C	輸入評鑑 I	過程評鑑 P	成果評鑑 P
形 成 性 評　　鑑	目標的選擇並決定優先順序	課程的選擇提供課程設計的細目	課程的評鑑實施	決定課程的修正或運用
總 結 性 評　　鑑	記錄目標需求等	記錄所選擇的策略及理由	記錄課程實施過程	評鑑課程實施結果

　　總之,資優課程發展是一連續性的活動過程。包括計畫、需求評估、決定課程範圍、調整現有課程、實地測試、實地運用和評估等階段。其成敗有賴於全校同仁的通力合作和經費預算的支持。一般而言,許多現行課程教材都可適用於資優教學,若有所不足,可編寫特殊課程,或調整現有課程以符資優兒童教育之所需。在資優課程發展過程中,計畫階段最為重要,決定了整個資優教育的哲學和資優課程的發展方向。資優課程設計必須針對資優生的需求和資優班教學的實況。資優課程實施後,應在適當時機加以評鑑,不僅可以了解資優課程之適用性,而且可以做為修正該課程的依據。

第 三 章

資優教育課程領域

⊙內容知識性的資優課程

⊙過程技能性的資優課程

⊙資優學生的情意課程

⊙資優學生的審美課程

⊙資優學生的社會技能課程

⊙統整性的資優教育課程

第 *1* 節　內容知識性的資優課程

一、內容知識性課程的內涵

　　資優教育的內容知識性課程應該強調智性的學門。除科學外，語文、數學、自然科學、歷史和社會科學均應包括在內。其中尤以語文和數學是一切科學的基礎。

　　語文和數學乃是各學門的基礎。數學不僅是自然科學的基礎，在社會科學中也居於重要地位。語文重在語文表達和理解，缺乏語文能力，則無論何科學門都無法溝通意見。

　　授予資優學生文學與數學，旨在為未來學術性學習活動而準備，當然也包括職業準備在內。

　　學校所教學的學門就是科目和學程。例如語文、英語、地理、歷史、數學……等都是科目，隨年齡或年級之增長而不同。學程則包括普通學程、密集學程、榮譽學程或補救學程等。學門乃是科目或學程之所本，也是教材的知識部分。對資優兒童而言，各科目應安排適合其能力和需要的特殊學程。當然也有在教材上採加深加廣或加速的方式進行。

　　由於「知識的爆炸」，傳統的科目方法已不適用。許多專家學者都預測未來將會產生許多新的學程。然而，數學和語文之重

要性仍不稍減。因此，資優兒童教育仍應強調語文和數學的深度學習，使能有效運用知識或資訊系統中的符號意義。

二、資優生的語文課程

㈠資優語文課程的重要性

資優兒童最早表現在語文方面。他很早就會說話，語彙增加的速度和數量超過同齡普通兒童甚多，很早就能理解抽象的字彙。所以語文常被用來做為鑑定資優兒童的重要工具。如能有系統加以研究，對於資優兒的了解，以及增進其語文能力的策略更將可以有所突破。

普通語文課程和資優語文課程最大的不同在於方法學和教材，開放性語文活動，產出的機會，以及相關經驗的綜合等四方面。

1.在方法學和材料方面

資優生比較能夠運用較高層思考和特殊的學習技能來學習語文。教材也採取程度較高、較抽象化及複雜化的材料來教學。

2.在開放性的語文活動方面

為培養資優生的創造能力、激發學習語文的興趣，可以採取比較開放性的語文活動。一般兒童則按照文法規則或較固定的語文策略來學習。

3.產出的機會

普通兒童學習語文大都強調閱讀，較少強調產出能力的培養。資優生的語文學習應重產出，尤其應給予產出獨特成品的機

會。

4.相關經驗的綜合

資優生在語文課程的學習，不僅應重視語文經驗的統整，更應使與相關的學習經驗互相統整綜合，以利其應用和類化。

㈡資優生語文課程的內涵

資優生語文課程應包括下列科目：

1.外語

除加強國語文教學外，外語教學應該是資優教育的重要語文課程。早日學外語的理由為(1)增加未來發展的機會；(2)較易精通外語；(3)可以學更多的外語。唯外語教學應植基於穩固的國語能力。所以不可因實施外語教學而影響本國語文的能力。

外語教學的實施可採加速制，也可採充實制。採加速制者可以讓資優生提早有系統的學外語，或在學習外語時加速進行。採充實制者可與本國語文之教學同步進行。尤其是口語會話練習，常可在正式外語教學之前實施。

Von Tassel-Baska 等（1987）建議資優生可先學拉丁文。因大多數的英語都有拉丁語源，其文法構造亦然。資優生可從拉丁文中學習語文的邏輯推理，對其外語能力的發展甚有幫助。尤其西方文化起源於希臘羅馬，資優生未來若想進一步了解西方文化，拉丁文對他將有很大的幫助。

以中文系統者，日文、韓文和中文都有相當的關聯性，可以採充實的方式使了解中、日、韓文的關係。

教師若能了解多種語言，也可以教導資優生比較各種語言的

文法構造和聲韻的差異，以增進資優生學習外語之興趣。

2.文學作品

資優兒童很早就喜歡傾聽媽媽講故事，也很早就能認字，甚至開始閱讀。因此，文學作品是資優兒童早期閱讀的好材料。資優兒童早期閱讀的目標是(1)使兒童早日閱讀適合其程度的讀物；(2)使兒童有機會以小組的方式討論所閱讀的讀物；(3)教授資優兒童分析、解釋、評價及批判性閱讀行為；(4)提昇資優兒童閱讀理解行為（Van Tassel-Baska, 1988 ）。

目前在台灣已有許多以白話文改寫的文學作品。在資優兒童尚未開始閱讀之前，母親便可選擇適當的白話文學作品讀給他聽。一旦資優兒童可以自行閱讀之後，便可選取適合其閱讀程度和興趣的白話文學作品供其閱讀。所選擇的讀物宜具有下列特色：

(1)語彙較豐富、故事內容較多者，以訓練資優生接受和表達的能力。

(2)情節較開放者，可以訓練其判斷力。

(3)閱讀中能使資優生善用其解釋力和想像力者。

(4)資優生可以從閱讀中發展問題解決能力和產出性思考能力者。

(5)文學作品中的人物可以成為資優生的榜樣者。

(6)文學作品宜包涵各種體裁，各種內容，多種情節。如小說、神話故事、傳記、詩歌等。

資優生在閱讀文學作品時，宜隨時注意下列問題：

(1)故事內容如何？發生哪些事件？

⑵書中的主角是誰？您最喜歡的書中人物是誰？為什麼？

⑶從書中可學到哪些新知識？

⑷讀本書後的感想如何？

⑸請就下列各方面比較本書和其他的書：①趣味性，②特點，③好的觀念，④新知。

學校所教的國語文課本，雖非全部都是文學作品，但是許多範文都有相當的水準可供資優生閱讀。尤其在內容深究時，可以訓練資優生高層思考能力。

3.寫作能力

資優生的字彙和經驗增加到某個程度之後，便想要表達，資優生最初是用口語表達，學會寫字之後便可以透過寫作能力來表達其理念。創造性寫作法是最常採用的方法。資優生可以不同的體裁、不同的方式或不同的詞彙來表達同一觀念。

寫作能力的培養對資優生而言至為重要。寫作技巧包括造詞、造句、寫短文、寫主題、增添資料、寫開頭和結尾。

4.文法研究

資優生的語文課程可以指導其研究國文文法。在中學階段甚至於可以比較中、日、英文文法。中文文法的研究可以從造字原則開始。《說文解字》中的造字六法（象形、指事、形聲、會意、轉注、假借）可以隨同國語文教學而授予資優生學習。其次，對於偏旁的理解也很有用處，查字典時所用的部首可以讓資優生了解文字的結構，有利於其字彙、詞彙的學習。尤其對於前人研究造字之用功，產生見賢思齊的作用。

其次，利用教學造詞的機會，讓資優生了解中國文字之美。

教師可指導資優生利用歸納法找出一些造詞的規則，再利用創造思考的方法來造出更多更美的詞句。

　　雖然在國小階段尚不需正式指導資優生造句法，但是可以在教學國語文時隨時指導資優生句子的構造，一則可以讓資優生了解句子的結構，便於閱讀時分析，再者可以增長其寫作能力。造句法的學習最好和國語文教學同步進行，避免單獨教學，否則將因缺乏關聯性而失去學習的興趣。

5.口語對話

　　在人際社會中常常有口語對話，但在學校教學中較少注意到這方面的教學。不論是課文的選取或教學活動，大多著重其他的語文活動。例如：朗讀、演說等。

　　口語對話包括辯論、相聲、話劇、口語接龍等。可以是二人的活動，也可以是多人的活動。可以是同質性的活動（如同是學生或工人），也可以是異質性的活動（如：雇員和老闆的對話，聯合國的對話）。

　　口語對話教學可以先選取原有的劇本，資優生各選取擔任適當的角色，揣摩各角色的人格、立場、想法、態度和情緒反應等。才能正確地反應該角色。其次，可以讓資優生依據角色的特質編寫劇本，然後自行擔任該角色。再其次，可以採隨機應變的方式，資優生先選取某一主題、討論如何分配角色，如何發展故事情節，如何決定時、地、物等，然後各自選取角色，進行對話。資優生不扮演他人，而是他自己，討論他們自己的事物或活動。

　　口語對話時，不僅要注意對話的內容，更要注意對話的禮

貌。不僅要言之有物，言之成理，言之有序，更要能義正辭婉，理直氣和，達到溝通的目的。

6.其他注意事項

(1)資優生的語文課程應包含內容（如文法和外語等）、過程／結果課程（如寫作等）和概念課程（如文學、藝術和人文課程等）三方面。

(2)資優生語文課程應以能力為規準而非以年級或年齡為規準。適當地判斷資優生的語文程度，提供適當的教材，才能協助其發展。

(3)一位資優教師很難精通所有的語文知能，因此，成立教師羣甚為必要，除校內有專精的教師外，也可聘請校外人員來參與教學工作。

(4)教學活動宜多樣化，除閱讀與寫作外，討論、演說、朗讀、口語對話、問題解決、批判性閱讀及其他活動都應包括在語文教學中。

(5)教師可指導學生多方收集語文教材，成立資料庫，聯合其他學校資優班共同收集教學資料，互相交換，更可充實教學資料的來源。

(6)教師宜善用創造性的發問法，除語文教學目標外，更能激發學生思考。

(7)閱讀和寫作技能的培養固然重要，內容概念的獲得也很重要。前者是手段，後者才是目的。

三、資優生的科學課程

　　許多資優兒童從小就顯現出對於周遭環境的關心和好奇，這就是科學教育的起點。儘管吾人不宜過早確定資優生的發展方向，但是，順應其好奇心，給予適當輔導，乃是資優教育的正確途徑。

　　對一般學生而言，科學教育的目標乃在培養具有科學素養的公民。對資優生來說，除上述目標外，尚須深入探討科學的各領域，熟悉科學研究的過程，使成為科學發明人才。資優生的科學課程應強調下列各方面：(1)科學探究的活動，(2)獨立的科學實驗工作，(3)熟悉科學知能和方法，(4)選擇科學家為典範良師，從而學習之，(5)接觸最新科學研究的資訊，(6)價值教學，(7)高層科學知能活動。

　　在國小階段，科學教育課程較強調(1)發現學習，(2)小組研究，(3)獨立研究，(4)主動學習。如能安排科學遊戲活動，便可引起資優生的科學興趣。必要時，可將科學和數學結合，以實際生活為題材，更使科學教育課程具有關聯性。例如，觀察事物之屬性並從事屬性列舉的活動，甚至可加入測量活動。科學活動成因的展現也是非常重要的。

　　中學階段資優科學教育課程，延續國小的資優科學教育，在深度和廣度上較接近實際的科學研究。除繼續加強探究方法的訓練外，特別加強各科進階課程內容之研究，進而培養科學創造之能力。Von Tassel-Baska（1988）認為中學科學教育課程應是

包括下列幾方面：

1. 科學教育的基本哲學

(1)科學課程和其他課程之比較。

(2)科學問題之解決。

2. 科學教學之設計

(1)科學動機之培養和科學教育目標之體認。

(2)科學知能之獲得和科學資訊之提供。

(3)提出科學假設並考驗之。

(4)萬物起源之探索。

(5)有創意且有深度的科學家庭作業。

(6)科學閱讀能力與寫作技能之培養。

(7)科學研究成果之摘要與展示。

3. 科學欣賞活動

(1)科學史之探討。

(2)自然循環之探究。

(3)成長、發展、轉變與相依性。

(4)人類的主動和被動。

(5)科學的倫理。

4. 科學的概念課程

如探究法、型式、變化、機會、反應、回饋、模式、預測、證明、理論等。

5. 其他

(1)實驗操作。

(2)文獻探討。

中小學實施科學教育，宜注意下列要項：

1.科學教師的選擇至為重要

科學教師本身必須懂得科學。不論是中學或小學的科學教師，都應有相當的科學知能和有效管理科學班級的能力。有時可以請中學的科學教師來教小學生，或請大學教授來教中學生，如方法適當，其專門知能將對學生大有助益。

2.要佈置適當的科學環境

實驗室中最新的科學儀器設備應讓資優學生有機會去利用。優秀的科學教師會把周遭的環境當做最好的實驗室。易言之，科學教育除應有良好的師資外，宜佈置適當的科學教育環境。

3.強調科學問題之發現與解決而非只是解科學習題

成套的科學實驗教材對資優生並不是很有吸引力。反而針對日常生活中的問題，以常用的科學工具和方法，自行設計研究實驗方式，可以引起資優生更高的科學興趣。

4.概念性的教材優於專題或技術性的教材

雖然資優生也需要專題性或技術性的科學知能，但如能形成科學概念，對資優生更有助益。

5.讓資優生多參與科學展覽或科學奧林匹克的活動

如果能有典範良師的指導，更有助其科學能力之提昇和科學興趣之培養。

6.利用現有學校、機構、公司或工廠的實驗設備

如自來水公司的淨水檢驗設備，汽車公司、電力公司、中研院或東元、大同等公司的實驗設備等，以研究實驗日常用器之作用或缺點之檢驗等。

四、資優生的數學課程

㈠數學資優課程的特性

數學是屬於比較封閉的知識體系，具有相當獨立的邏輯系統，有些數學資優學生，很早就顯現超常的數學邏輯觀念，而且適合加速學習，所以有十七歲就已完成學士學位，二十出頭就可以修得博士學位。近年來，電腦科技發展之後，其邏輯系統和數學有相通之處，所以，十多歲學生能夠設計出驚人的電腦程式者，不在少數。在資優教育、數學資優是比較有獨特性的方案，如霍布金斯的數學資優教育計畫方案等。

㈡數學資優課程的設計

數學資優課程的設計主要有下列三種安排的方式：

1.加速制的課程設計

由於數學本身的獨特邏輯系統，所以適用加速制的課程設計。此種課程設計應先分析數學的範圍（Scope）和程序（Sequence），然後才能做適當的安排。

⑴數學課程的範圍

現有許多數學課程都已對數學課程做完善的分析，多年來已應用在普通兒童的教學上，惟在數學資優教育上宜特重視①解題，②預測，③心算，④空間關係，⑤電腦應用，⑥或然率，⑦統計，⑧有理數，⑨幾何，⑩測量，⑪比例，⑫百分比，⑬代

數。

(2)數學課程的安排程序。

實施加速制課程設計，數學邏輯系統的程序安排至為重要，依前述的範圍，採加速和加深的方式進行。

2.充實制的課程設計

數學雖因其邏輯系統明確而適合於採取加速制的課程安排方式，但是，由於數學課程有其相當的內容難度和範圍廣度，所以也可以採充實制的方式來設計。其主要方式有下列二種：

(1)概念導向的數學課程

數學雖然以實體或事實做基礎，但必須予以抽象化，且形成概念，才能進行心理運作。此外，數學本身也含有許多概念，必須徹底了解，才能學好數學。尤其資優生的數學課程，不應以數字的運算或實體的理解為滿足，應以概念的的理解和應用為重點。因此，概念導向的數學課程非常適合於資優生。利用概念分析來教數學，使資優生不僅可以了解數學概念的正念和誤念，而且可以配合歸納法和演繹法以獲得數學概念的重要屬性。

(2)問題解決導向的數學課程

數學的主要功用之一是解決問題。資優生的數學教學，可以讓資優生將已獲得的數學概念形成原理原則，進而用以解決有關問題。有時可以讓資優生自行發現問題或設計問題，然後應用數學原理加以解決。

第 *2* 節　*過程技能性的資優課程*

一、過程技能課程的涵義及其重要性

　　資優生必須成為一位主動的、獨立的學習者，才能在未來成為一位對社會有長期性貢獻的人。可知，獨立學習技能對資優生至為重要。獨立學習技能又稱為過程技能，主要包括二方面，一方面是讓資優生學會「如何學習的方法」，一方面則是讓資優生有機會磨練其待人處事的技能。

　　當今的世界是一個知識爆炸的時代。即使現在認為是正確的知識，未來也有被推翻的可能。資優生今天所學的內容知識，不一定符合未來社會的需要。因此，必須藉著內容知識的學習，發展資優生「如何學習」的方法，此種經過類化的過程技能，將可應用於未來的知識和處事上。

　　過程技能課程、內容知識課程和情意教育課程三者之間的關係密不可分。過程技能課程可以專設科目實施教學，也可以在實施內容知識課程和情意教育課程中進行教學。前者係以過程技能之學習為主學習；後者乃是副學習。不論是主學習或是副學習，其過程技能的獲得，具有相當高度的遷移作用，資優生一旦學會過程技能，將可以訓練其獨立學習、終生受用無窮。

此處所謂過程技能課程，不是指音樂、體育、美術、工藝或其他技巧性的特殊才能。而是相對於認知（內容知識）課程和情意課程，且融會貫穿其間，有助於認知課程和情意課程之學習。同時，藉助於認知課程和情意課程的支持，完成過程技能課程的學習目標。

資優生的過程技能課程和一般學生的過程技能課程有許多相近之處，但因資優生的特殊潛能和特殊需要，仍有許多過程技能課程特別為資優生所設計且為達成資優教育目標所需要的。基本的學習技能和基本的人際技能及社會技能乃是所有兒童所必須的，將於本章第五節中解析，本節不贅述。資優生特別需要的技能課程如高層思考技能、獨立研究技能和主動學習技能等，將分述於後。其方式可以單獨設計課程教導之，也可以在教學認知課程和情意課程時隨機教授之，成為教導認知課程和情意課程的副學習。例如在進行獨立研究時可以同時學到基本學習策略、學習技能和獨立研究技能。又如在培養資優生的創造力和批判力時，也可以同時訓練創造思考技能和其他高層思考技能。

二、高層思考技能課程

培養資優生高層思考技能，乃是資優教育的主要目標之一。高層思考能力可以透過高層思考技能的學習而獲得，也在高層思考技能的運作中表現出來，二者如形之隨影，密不可分。

高層思考技能包括一般思考技能（如分析技能、綜合技能、評價技能等）、批判性思考技能、創造思考技能和問題解決技能

等。布倫姆（Bloom）特重分析、綜合和評價等過程技能之訓練。許多學者也有重視歸納或演繹等推理技能之培養。他如恩尼斯（Ennis）的批判思考技能訓練，陶倫士（Torrance）的創造思考技能訓練，和潘尼斯（Parnes）的問題解決技能訓練等都是對資優生的學習和未來發展相當有助益，值得列為資優教育的重要課程。

㈠分析技能課程

本課程的目的在培養資優生分析技能。當學生學習某一事物或單元後可提供學生分析的機會，以分析要素，發現關係，並尋找關聯。主要課程內涵包括：

1. 內容分析：分析事物、主題或單元內容，可以了解其組織結構或構成要素。分析時，能分解者可以拆開來觀察，不能分解者可以藉助於圖解、透視圖或意像法分析之。

2. 形式分析：分析論文或文章之形式或結構。

3. 要素分析：分析事物所含之要素。

4. 功能分析：分析某種事物角色或組織的功能。

5. 關係分析：在進行內容和功能分析時，都應該同時進行關係分析，以了解各要素間之關係，其必須如何配當才能發揮功能。前者屬靜態分析，後者屬動態分析。

6. 過程分析：資優生學習某一事件後，應能分析其前因後果及發展過程，最後才能發現因果關係或過程的連貫性。

7. 方法學分析：包括原理原則的分析、方法的分析，以及理論架構的分析等。

8.趨勢分析：從多次資料收集和整理中歸納出某種事件之趨勢。

9.比較分析：以上分析都可以實施比較分析。例如要素、結構型態、功能、關係、過程、方法、原理原則和趨勢的比較等。

(二)綜合技能課程

資優生在學習過程中必須具有綜合技能才能融會貫通，學習之後，也必須運用綜合技能方可產生類化活用之效。包括相關或不相關資訊的組合、新模式的建構、活動的設計、劇本的編寫、主題的展示、文章的寫作和辯論演說等，都需要運用相當的綜合技巧。例如：(1)融合擬人法寫成一首新詩。(2)提出考驗假設之計畫，(3)編寫一齣公元二千年的生活劇，(4)依失重原理設計一件機械。

(三)評價技能課程

此種課程旨在培養學生依據某些標準從事價值判斷的能力，例如以科學的觀點評論進化論，或以美學的觀點來討論清明上河圖，資優生在生活、交友、學習或未來工作中，常會遇到許多選擇的機會，如何做正確的判斷而獲得適當的選擇，可能是成功與失敗的關鍵所在。教師設計各種情境，讓資優生自己選取適當的評價標準，以為評斷及抉擇之依據。資優生可以試探單一和多種標準對於價值判斷之影響，也可以讓他們自己決定選取評價的標準，對於其未來發展甚有幫助。

㈣歸納和演繹技能課程

歸納和演繹都是推理的技能。也是科學研究的重要方法。給予資優生一些事物、事件或事例，要資優生發現其中之共同屬性，並賦予其特殊意義，乃為歸納法的重要訓練課程。所發現之屬性可能有多種，例如類別屬性、功能屬性、原則屬性和其他特質屬性等，這些屬性在各單獨事件間具普遍的共通屬性。這些具有普遍化特質的屬性可以類化至其他同屬性的事例或事件上。至於演繹法的課程，乃教導資優生先學會原理原則，然後應用至各種情境中。下列實例可供參考：（朱俊憲提供）

實例一

一、單元名稱：有用、沒用的洞

二、適用課程：社會、自然

三、教學方法：歸納法等

四、教學活動：⑴請同學列舉出哪些東西的洞是有用的，如：籃框、鈕扣、鞋子的洞等。⑵請同學列舉出哪些東西的洞是無用的，如：輪胎、汽球、瓦斯桶、鞋子、衣服的破洞等。

以上問題列舉越多越好。

實例二

一、單元名稱：浮沉之間

二、適用課程：數學、自然

三、教學方法：歸納法等

四、教學活動：隨取課堂上輕重不同的東西，要同學猜猜浮起？沉

下？然後用一盆水考驗猜測的對錯。再將此結果請同學將之分類寫於紙上。這種學習幫助兒童學習「分類」和「關係」，並且幫助他們如何提出假設和如何驗證假設。

實例三

一、單元名稱：**動物的分類**

二、適用課程：自然

三、教學方法：歸納法等

四、教學活動：(1)請同學列出各種動物名稱。(2)示範：老師依特徵簡易地加以分類。(3)呈現問題：決定學生自己分類方法，並決定每一分類特性，及人類應分為哪一類，當某特徵提出時，要全班共同討論其特性。時間若允許——特徵被提出時，討論之特性可擇少數最重要的以代表其特徵。

實例四

一、單元名稱：**最富想像力的形容詞**

二、適用課程：語文

三、教學方法：歸納法等

四、教學活動：打破杯子、鬼魂、飛過耳際的燕子、跌倒的小羊、有霧的傍晚。

請同學討論儘可能地列舉能形容上面情境的不平常的字詞。

許多學生寫下許多獨特的形容詞來。在每個學生說出選用這些字詞的理由之後，由全班同學共同來討論哪些字詞最獨特及最富想像力。

㈤評判性思考技能課程

提供此類課程的主要目的，在訓練資優生能夠以某種規準來判斷訊息之合理性、可靠性、可信度和可行性，以便決定當不當相信和該不該去做。批判性思考課程的能力方面，包括培養驗證能力、演繹能力、判斷能力、推論能力、與他人交往能力和問題解決能力等（如表3–1）。析言之，可歸納為 12 種能力：

表 3–1　恩尼斯的三種評判性思考技能

1. 界定和澄清技能
①辨別核心問題
②辨別結論
③辨別理由
④提出適當問題
⑤辨別假設
2. 判斷技能
①判斷訊息或觀察可信度
②決定相關聯性
③認識一致性
3. 推論—解決問題或下結論
①歸納結論之推論與判斷
②推論演譯之效度
③預測可能結果

1.評判性思考

恩尼斯（Ennis, 1962）提出下列各種批判性思考的重要能力：

⑴把握要義。

(2)找出推理過程中矛盾之處。

(3)判斷二種說法互相矛盾之處。

(4)評判結論的必要性（結論是否需要）。

(5)評判敘述是否明確。

(6)評判某種想法真正應用了某種原理。

(7)評判某觀察報告是否可信。

(8)評判該歸納結論是否有據。

(9)評判問題是否確定。

(10)評判真實與假設（某事是真實或假設）。

(11)評判定義之妥適性。

(12)評判某種說法是否可接受。

2.特質方面

恩尼斯（1985）認為評判性思考者應有下列特質：

(1)開放心胸。

(2)依證據採取立場或改變立場。

(3)考慮整個情境。

(4)窮理致知（儘量了解整個情況）。

(5)精益求精（了解越仔細越好）。

(6)亂中有序（以有序的方式了解複雜的事物）。

(7)尋找答案（每次解決問題必有答案）。

(8)尋找理由（對於答案必有理由）。

(9)把問題說清楚。

(10)追根究底（重視本源或基本）。

(11)應用可靠的資訊。

(12)隨時把握要點。

(13)敏感於他人的情感，智識水準和世故。

前述 13 種技能最好融入一般課程中來教學，不必另設時間和另訂教材。茲舉例說明如下：

技能一：把握要義

目　　標：資優生能從複雜的文章中擷取要義。

教學活動：請再閱讀您的作業，經由小組討論回答下列問題。

技能二：理解不清的判斷

目　　標：判斷待釐清之觀念。

教學活動：下列敘述如有理解不清之處請在下面畫線。

「我們必須努力地為未來的下一代而保護環境，因為這是唯一他們可以安居樂業的地方，我們必須尊重他們的健康權和生存權。」

技能三：衝突的判斷

目　　標：判斷在互相衝突之二種敘述。

教學活動：判斷下列敘述有無互相衝突。

「美國正致力於全民的民主自由；所有國家的人民應有權自決，聯合國應該有權賦予世界各國的人民民主自由之權。」

技能四：邏輯結論之判斷

目　　標：判斷所下結論是否合乎邏輯。

教學活動：判斷下列結論是否合乎邏輯。

「刀刃置於鞘中，彎曲有如熔化，刀刃自鞘中取出並置於桌上之後，刀刃立刻伸直。下列結論何者正確。」

(1)刀刃的彎曲非因熔化所致。

(2)地心引力導致刀刃彎曲。

(3)係由二種不同伸展係數的金屬所打造的，所以會彎曲。

(4)刀刃在鞘中是熔化的。　　　　.

(5)刀刃置桌上後之所以伸直，乃因由單一金屬所打造，故出鞘後恢復原狀。

技能五：由前提下判斷

目　　標：依前提做邏輯判斷。

教學活動：

前提一：所有男孩都是運動員。

前提二：所有運動員都是健壯的。

結論一：所有男孩都是健壯的。

結論二：所有健壯者都是男孩。

技能六：敘述明確之判斷

目　　標：導致結論之敘述是否明確之判斷。

教學活動：閱讀下列短文，然後回答問題，或提出訊息不明
　　　　　確之處。

「在球賽進行中，一位候補球員正在場邊待命，教練緊握著手，走來走去，並且大聲喘氣。」

⑴教練因為球賽而緊張。

⑵教練對是否派候補球員入場而無法決定。

同學可相互討論。

技能七：應用原理原則之判斷。

例如：判斷選舉廣告是否應用了心理學的原理原則，是否有效。

技能八：判斷訊息之可靠性。

例如：陶侃搬磚是否可信。

技能九：歸納結論之判斷

例如：(1)世界天氣逐漸改變。

　　　(2)核能危險，不宜用來發電。

技能十：界定問題之判斷。

如：小汽車何以發生車禍。其問題何在？

(1)暴風雪之後即刻鋪沙。

(2)如何在結冰的橋上避免意外。

技能十一：假設的判斷

例如：「吃飯八分飽，醫生不用找。」

技能十二：定義是否合適

例如：(1)有三個頂角的平面幾何圖為三角形。

　　　(2)四邊相等的平面幾何圖形為正方形。

技能十三：判斷某種說法是否可接受

例如：(1)民主和法治是不可分的。

　　　(2)民主社會也是多元文化社會。

㈥創造思考技能課程

本課程態度的目的，在培養學生跳出固定思考模式的巢窩，

以不因循舊制的思考方式，提出新的想法或做法，解決問題，提昇生活。創造思考教育課程至少應包括幾方面：

　　1. 預備課程：增長經驗以豐富創造力之基礎；實施解凍訓練以利創造思考之運作。

　　2. 認知性課程：增進兒童的敏感力、流暢力、變通力、獨創力和精進力等。

　　3. 情意性課程：培養創造性人格和激發創造動機。

　　4. 過程技能課程：例如吉爾福特（Guifold）的智能結構模式中的擴散思考策略，威廉氏（Williams）的十八種創造思考策略，魏邦（Wiles & Bondi）的創造思考技能組羣，以及一般常用的創造思考策略，如腦力激盪法、屬性列舉法、型態分析法、分合法、目錄檢查法、自由聯想法、檢核表技術、六 W 法等。

　　5. 支持性環境：也就是可以增進創造力的發展，培養創造性人格，孕育創造動機，鍛練創造思考技能的環境。

　　創造思考能力和想像力有密切的關係。因此，在教學過程中應充分發揮資優生的想像力。下列實例可供參考：

　　　　　　發揮想像力的活動設計　　　（余傳鳳提供）

一、單元名稱：新氣象工具

二、活動目的：發揮想像力以設計一些新的氣象工具

三、活動材料：紙、筆、線、黏土、木頭等材料

四、活動內容：2000 年代預測世界各國將可設法控制各國的氣候，使各國人民都能生活在舒適自然的環境下，故設計一些能改善天候的氣象工具。

五、活動過程：

　　師：「當連綿雨季下得人心煩躁時，有什麼方法使得天候開朗？

　　小朋友想一想能解決問題的新氣象工具。」

　　小朋友的答案可能有：「搜集足夠的太陽能，在雨季來臨時釋

　　放。

　　「除濕機在戶外把大氣中濕氣去除。」

　　師：「當氣候乾旱時，想想能製造水氣的東西？人造雨除外。」

　　小朋友的答案可能有：「搜集足夠的濕度，在旱季來臨時釋放。

　　「大自然四季控溫器，全年調整在人體最適合的 28℃。」

　　師：「諸如颱風此類，有沒有什麼辦法可以改善目前的氣象偵訊

　　系統？」

　　學生自由發揮，充分利用各種想像力並去創造出來。

六、評量指標：學生在活動過程中，若是早已被人類使用過的就不用

　　再提，應充分激發想像力潛能。

㈦問題解決課程

　　兒童在日常生活和學習過程中常常會遭遇到一些問題，有待解決。資優生如能培養問題解決能力，自己克服困難，解決問題，不僅有成就感，而且其解決問題能力將會更增進。

1.問題的分類

　　Newell & Simon（1972）將問題區分為界定明確（well-defined）和界定不清（ill-defined）的問題。Dixon & Glover（1984）則區分為有固定答案的和開放式（open-ended）的問題。Ruggrero（1988）將之區分為一般性的和特殊性的問題。

Read（1988）區分為重組問題、歸納問題和轉換問題，Ross & Maynes（1982）則區分為比較性問題、做決定問題、相關性問題、因果性問題等。

2.問題解決的策略

　　行為學派認為可採嘗試錯誤的方法來解決問題。完形心理學派主張要洞察全境以探求問題之根源和解決之途徑。認知學派更強調後設認知之應用。下列策略可教給資優生。

　　(1)目標──方法分析：找出欲解決之問題為目標，加以明確界定。然後診斷出目標和現況間的差距，尋求一種可以減少目標和現況差距的方法，並將此方法加以試行，在試行中隨時修正，直到目標和現況的差距縮小到最小為止。

　　(2)類推法：從過去解決問題的經驗中找出類似欲解決之問題的策略，應用此策略試行解決該問題，解決過程中逐步修正策略，直到解決為止。若發現無法解決，則可改變其他策略。

　　(3)次目標分析法：運用工作分析法，將欲解決之問題分析成若干較小或簡易的次問題，次問題仍可再以同樣方式區分成次次問題，達到容易思考、容易解決為止。然後從最小最容易的問題逐步解決起。最後將可解決主要問題。

　　(4)回溯法：問題解決不一定要完全從頭開始，有時可以從終點目標著手，逐步往起點回溯，有助問題的解決。

　　(5)放聲思考法，在解決問題的思考過程中，出聲將思考的內容和歷程表徵說出來，有時有助於思考，尤其在小組解決問題時可以產生腦力激盪的效果。

　　(6)後設認知法：在問題解決過程中，對思考的過程加以認

知、監控、必要時並調節思考的策略和方向，有助於問題的解決。

3.問題解決的歷程

(1)瓦勒士（Wallas）將解決問題的歷程區分為準備期、孕育期、豁朗期和驗證期等四期。後來許多學者採用做為創造思考的歷程。

(2)杜威（Dewey）提出問題解決的步驟為陳述問題、分析問題、提出假設、評估假設和驗證假設等。

(3)Newell & Simon（1972）認為問題解決過程實際上也是訊息處理的過程，所以採訊息處理的模式來解釋問題解決的歷程。

(4)Osbon（1963）認為解決問題包括發現事實、發現問題、尋求主意、尋求解決方法和尋求接受等過程。

(5)Parnes（1967）採取 Osborn 的問題解決過程並注入創造思考的策略而提出創造性問題解決法。Isaksen（1992）更將 CPS 區分為三階六段（如下頁圖3-1）。

第一階為了解問題。此階內包括①發現困境，②發現資料，③發現問題。第二階為產生主意，此階僅包括④發現主意。第三階為計畫行動。

4.問題解決的模式

待解決之問題型式計有比較性、決定性、相關性和因果性等四種。解決之方法也因類型之不同而有差異。

(1)比較性問題解決法：不論是數學問題或日常生活問題，有些是在比較各變項間的異同，做為選擇的參據。例如：比較長方

階　　　段	思 考 型 式	思　考　內　　　容
(一)了解問題		
(1)廣泛搜尋	擴散性思考	搜尋解決問題之機會
↓	聚斂性思考	建立解決問題的廣泛目標
(2)資料搜尋	擴散性思考	從眾多觀念中找出主意並檢驗它
↓	聚斂性思考	決定最重要資料
(3)問題搜尋	擴散性思考	儘量想出各種問題
↓	聚斂性思考	界定問題
(二)產生主意		
(4)主意搜尋	擴散性思考	產生各種獨特主意
↓	聚斂性思考	確定較佳主意
(三)計畫行動		
(5)搜尋解決方案	擴散性思考	發展分析和選擇方案之標準
↓	聚斂性思考	應用標準以選擇可行方案
(6)尋求接受	擴散性思考	考量實施方案時之可能助力、阻力和行動
	聚斂性思考	形成特殊行動計畫

圖 3-1　創造性問題解決過程（Firestien，1994）

形和菱形的不同；比較物理變化和化學變化的差異；比較春天和秋天的不同。下面實例在教導資優生分析比較硬筆書寫和毛筆書寫的差異。

教學單元：比較硬筆書寫和毛筆書寫的異同
編寫者：
教學過程：
一、列舉：將硬筆和毛筆書寫之屬性加以列舉。
　1. 以硬筆書寫
　　(1)工具簡單

　(2)攜帶方便

　(3)不容易髒

　(4)容易保管

　(5)習寫容易

　(6)容易選購

　(7)變化較小

　(8)無收藏價值

2. 以毛筆書寫

　(1)工具較繁

　(2)攜帶不便

　(3)容易弄髒

　(4)不易保管

　(5)習寫較難

　(6)不便寫外文

　(7)選購不易

　(8)變化較多

　(9)可當做藝術品收藏

二、比較

比較項目	硬筆	毛筆
價格	較容易	較貴
保管	容易	較麻煩
攜帶	方便	不便
習寫	容易	較難
選購	容易	較費時
變化	較少	較多
收藏	少	可當藝術品
使用	各種文字	不適外文

三、摘要：依據前項比較分項列出異同。例如價格不同、保管、攜帶
　　……等也不同。

(2)做決定問題解決法：對於須要決定的問題，其解決的辦法和比較性問題解決法相近。最後再做分析。分析方式可採等第法，或為加權法，也可用加減法。例如：

表 3-2　硬筆和毛筆書寫之比較

比較項目	硬筆	毛筆
價格	＋	－
保管	＋	－
攜帶	＋	－
習寫	＋	－
選購	＋	－
變化	－	＋
收藏	－	＋
運用	＋	－

表 3-3　硬筆和毛筆書寫之難度比較

比較項目	硬筆	毛筆
價格	$+1\times3$	-1×3
保管	$+1$	-1
攜帶	$+1\times2$	-1×2
習寫	$+1$	-1
選購	$+1$	-1
變化	-1	$+1$
收藏	-1	$+1$
運用	$+1\times3$	-1×3
	$+9$	-9

(3)相關性問題解決法：有些問題是在探求變項間的關係。可以相關法求二變項之相關，也可進行多次記錄以觀察二變項之相

互關係。

(4)因果性問題解決法：欲了解變項間的因果關係，可採實驗法，以了解操弄自變項是否會影響依變項。

(5)創造性問題解決法：此種方法和 Osborn 的問題解決法不同之處，在於前者注入了創造思考的方法，從尋求事實到尋求接受等步驟都交錯運用擴散性思考和聚斂性思考。（參見圖 3-1 ）

(八)在創造性問題解決中運用心理意象

巴格雷（Bagley, 1993 ）發展一套訓練課程，結合了心理意象和創造性問題解決法，使資優生能夠運用心理意象，以有效解決實際問題，其重要步驟如下：

1. 選擇干擾最小的適當時機。運用心理意象時，必須集中注意，否則難收成效。因此，在運作心理意象時，宜儘量避免干擾，以利集中注意於心理意象運作上。

2. 移開課桌上的一切東西，包括書籍、簿本，或其他可能引起注意之雜物。

3. 先向資優生說明創造性問題解決法的大要及其實施方法，然後進行簡短練習，資優生完全了解做法後，才可進行本項練習。

4. 要求資優生設定一待解決之問題。

5. 給予資優生適當的練習問題。

6. 要求學生不可出聲說話，以免干擾其他同學運作心理意象。

7. 教師提出運作方法，兒童依據教師的指示運作心理意象。

8. 寫下可能產生之理念或想法。

9. 討論後，進行下一主題之練習。

㈨發問和探究技巧課程

　　發問技巧和探究技巧也是重要的思考技巧，其常用技巧如下：

1. 解說：為解釋清楚而發問，例如：「新新人類是什麼意思？」

2. 比較分析：為比較分析而發問，例如：「現代親子關係與家庭價值和十年前有何不同？」

3. 綜合：為綜合觀點而發問，例如：「試從生態、教育等觀點說明環境保護的概念。」

4. 評價：為評價而發問，例如：「試評估現代社會之優點。」

5. 對問題之感性：當前主要教育問題為何？

6. 澄清：為澄清疑點而發問，例如：「學生何以不喜歡坐前排？」

7. 假設：為提出假設問題而發問，例如：「假設您是司機，你將如何駕駛台北市公車？」

8. 內容深究之問題：為深究內容所提出之問題，例如：「為什麼用破曉來形容天將亮？」

9. 探究新關係之問題：為探究新關係所提出的問題。例如：「為何戰爭和金價有關？」「為何飛機和鳥有關？」

三、主動學習技能課程

資優教育的情意教育，重在培養學生成為一位主動學習者。主動學習的態度和精神雖然屬於情意領域，但是如能培養一些學習技能，將有助於資優生主動學習，而不必事事請求他人的協助或依賴教師的教學安排。其主要課程應包括下列各種能力的培養：

1. 運用語言文字的能力。
2. 做摘要的能力。
3. 組織材料的能力：包括以語文、圖表來表達等的組織能力。
4. 善於提問的能力：包括提出自我引導的問題和提出關鍵性的問題。
5. 界定問題的性質和範圍的能力。
6. 資料重組的能力。
7. 善於運用想像的能力。
8. 分析綜合和評價的能力。
9. 推理的能力。
10. 聯想的能力。
11. 概念化的能力。
12. 符號化的能力。
13. 建立模式的能力。
14. 類化的能力。

四、獨立研究技能課程

㈠獨立研究及其重要性

　　主動學習是指學習者或研究者不必靠著他人的指導指示而能憑著自己的能力、經驗或方法完成研究工作。一般研究生或研究人員完全根據他人設計好的研究程序，一步一步的進行研究，這種情形不能稱之為獨立研究，即使是他一個人完成的個別研究，仍不同於獨立研究。獨立研究可以是研究者個人的研究，也可以由許多研究者合作完成研究。一位成熟的研究者可以自己收集資料、自己決定主題、自己設計研究計畫、自己執行研究工作並提出研究的成果。資優生尚在學習階段，尚乏此種能力，此種方式對資優生而言，既不實際，也無裨益。因此，以採取在輔導下的獨立研究較妥。資優生可在教師的輔導下學習獨立研究的技能和精神，這是成長過程中所必須的。

　　資優生可在教師的輔導下收集資料、選定主題、設計研究方案、執行研究計畫並完成研究成果，而不是由教師設計好交由他去實施。資優生研究過程中扮演著主動的角色，教師只是諮詢人物。當學生遇到困難，必須親自去尋求解決之道。如查字典、查閱參考書籍，拜訪有關機關或人士，如尚有疑問，可主動請教師協助。如有必要，則可數位共同完成，他們也會主動分工，共享心得。所以獨立研究的特性是主動追尋、積極參與、分工合作和獨立進行。

資優生終究要成為一位傑出研究者，其功能雖尚不及專業研究者，但其研究成果應具有專業研究者的特質。所以資優生應及早輔導其從事獨立研究，逐步培養其獨立研究之技能與精神，將來才能成為一位主動學習者，當其羽毛豐滿時，便可振翅高飛了。

㈡獨立研究的技能

輔導資優生從事專題性的獨立研究，必須先授予獨立研究的技能，茲列述如下：

1.資料收集技能

從事獨立研究的第一步工作是收集資料。不論研究主題的確實，研究方法的運用，研究計畫的擬訂，以及研究工具的編選都應以資料做基礎。資優生應儘早使其收集各種資料，例如研究成果報告、名人言辭、原理原則、理論學說和典章制度等。

(1)探索資料來源：雖然說「落在水面皆文章」，但是獨立研究所需的資料常來自一些重要來源，例如報章雜誌、生活資訊、教科圖書和重要言論等。資優生應理解資料之來源，然後對不充足之資料應再多方探索，以求證據充分立論有力。

(2)辨別資料真假：資料並非全部合用，必先判斷其適當性及真實性。經過多方查驗、印證，方可採用。

(3)了解收集資料的工具與方法：資料的收集有時可以憑著親身體驗，但是機會不多。因此，常常要借重一些資料收集的工具。例如問卷、調查量表等。其收集資料的方法也有很多種，包括訪問法、測驗法等。教師應輔導資優生逐漸會運用這些工具和

方法。

(4)資料的分類與建檔：資料收集之後必須加以分類、建檔、儲存，然後才能在以後的研究中可以很快地重複運用該資料。有些資優生花很多時間去收集，用完之後就丟棄不用，下次要用時還要再收集，至為可惜。若資料太多，儲存不便時，可註明出處，下次就可以直接找到資料之來源。

資優生可以從小訓練其資料分類，可先依自己的想法來分類建檔，且可互相觀摩，比較各生的資料分類及建檔的方法，再授予常用的科學化的資料分類與建檔，使從此比較當中了解科學分類方法的意義。

2.界定問題技能

獨立研究實際上乃是發生疑問、解答疑問，或發現問題、研究問題、解決問題的過程。因此，首先要能發現問題、然後明確地界定問題。許多資優生想要從事獨立研究，但是不知道要做什麼研究題目，這是因為不能發現問題、界定問題的緣故。有些學生無法分辨問題與困擾，因此也就無法界定問題。例如：有位學生常感到注意力不集中，以致影響學習，不知如何是好。這是情緒困擾而非研究問題。研究問題是理性的，例如：「如何改善我的注意力。」或「注意力不集中因素的探討」等。

要界定問題，首先要能明確界定問題的範圍。其次是可以解決的，可以利用工具來評量解決的成果，而且可以證明問題確已解決或已得到適當解決。此外，下列技能必須加以培養：(1)能以適當標準做為問題或主題選用與否之準據；(2)能依問題情境選用適當工具和方法；(3)能依特殊目的選用特殊資料；(4)能將問題概

念化，並能想像問題之全貌。列舉實例活動可以訓練資優生界定問題的能力：(1)決定班長選拔的標準；(2)籌備遠足活動時，能以檢核表列出應該準備的事物，已確定團體活動課要報告的主題，並著手收集資料；(4)針對自然科的研究主題提出研究目的、研究方法和研究工具。(5)找出兩位同學間爭論的焦點，並扮演和事佬。(6)指出一件歷史事件發生及變遷的關鍵所在。(7)請列出解決交通問題所牽涉到的問題及單位。(8)為提倡社區全民體育，您應如何鼓勵民眾參與。

能明確界定問題，才有提出明確的研究目的之可能。研究目的之多少，繫於研究範圍之大小。有些研究可能有好幾個相關且可達成的目的，有些則只有一、二種目的。一般而言，研究目的不宜過多。對於剛進行獨立研究的資優生而言，研究目的應儘量使其單純化、明確化。當然，對於一個可以同時達成目的者，未嘗不可訓練其在同一研究中來完成。若是數個不相關的研究目的，最好分成幾個研究來進行較佳。

3.運用研究工具的能力

農人種田必須要有農具，漁民捕魚必須要有漁具，同樣的，研究人員必須有研究工具，否則就無法完成研究工作。資優生從事獨立研究，必須要能運用研究工具，才能順利進行研究工作。

(1)運用工具書的能力：許多工具書如字典、辭典、百科全書和參考書等，對研究工作都很有幫助。資優生應先學習如何查閱字典、辭典、百科全書等，針對研究的需要，找出適當的工具書，並能查到所需的資料。

(2)利用圖書館的能力：學校圖書館或社區圖書館都有許多可

供資優生參閱的書籍。資優生必須學會利用圖書館，才能從浩瀚的資料查到有助於研究的資料。不論圖書或非書資料，應使其了解分類及排架的方法，認識並運用目錄卡（包括作者卡、書名卡、分類卡等）去查閱資料。

(3)攝影技能：攝影可用於休閒方面，也可用於專題學習方面。資優生之所以必須學習攝影技能，其目的不在於休閒方面，而是在學習方面。當然學會攝影技能，除用於專題學習方面之外，自然可用在休閒活動。資優生在從事調查研究，必須把這些資料記錄下來，可做為日後比較分析之用。譬如採集標本時可將樹木或樹葉攝影下來，回家之後，在研究室可以和同學所拍攝的一齊比較。對於活動的事件，稍縱即逝，所以可用錄影機拍錄下來，以利分析。如果能夠沖洗放大當然更好。不過，這些可以交給專業人員去做，不必資優生費神。

(4)運用電腦的技能：值此知識爆炸時代，電腦科技擴展了資優生的學習經驗。整部百科全書可以輸入電腦或光碟。資優生只要學會操作電腦，便可以很快檢索到百科全書的資料內容。在資優教育課程上可以實施電腦輔助教學和問題解決教學。也可運用於各學科的教學，如語文科、數學科和自然科學、藝術、音樂等科目，不僅可使資優生學得快、學得好、學得多，更能創新經驗提昇水準。運用電腦於資優教育上宜注意下列幾點：①非為學電腦而學電腦，而是運用電腦為求智性工具。例如運用電腦來查詢資料。過去資優生必須利用書類資料來查詢，百科全書、參考書或字典都成為必要參考工具。目前台灣學術網路已建立相當良好的網路系統，加上國際網路的連線，資優生已經可以透過這些電

腦網路查詢所有資料，學校希能自行建立教學資料庫及校園網路系統，許多個別性或特殊性的教學資源便可自行提供，以適合該校資優生的應用。此外，尚可運用電腦和其他資優生通訊，進行合作研究或相互討論，使電腦真正成為資優生智性活動的工具。②善用電腦進行輔助學習。資優生若欲加速學習，電腦是很好的工具。目前，由於光碟多媒體的應用，資優生可以電腦系統中獲得很多以前學習不到或不容易學到的經驗。③有計畫的指導資優生學習運用電腦，不要讓資優生的學習方案被電腦所主宰，除非資優生有意專攻電腦科技，否則，電腦應永遠視為一種學習的工具，這種運用電腦的能力，應有計畫地加以培養。

　　資優生從事獨立研究或合作研究時，更需要以電腦為工具，進行資料的登存、分析、統計、列表、甚至製成報告，發展成果，都可藉助於電腦。

4.編寫研究計畫的能力

　　編寫研究計畫，可以說是獨立研究的重要能力。研究計畫乃是執行研究的藍本，計畫妥當才能執行完善的獨立研究。獨立研究能否成功，主要繫於下列三個基本條件：(1)研究題目的選擇，是否有意義，有否研究價值；(2)研究方法的運用是否適當可用；(3)研究結果的表達是否清楚（張春興，民 80 ）。因此，獨立研究計畫應明確列出研究題目，針對研究題目提出研究問題和目的、重要名詞的解釋、文獻的收集、研究方法和程序，研究結果之分析和討論、結論和建議等。尤其是資優生何以要如此設計的原因。

5.研究報告之撰寫

　　執行獨立研究之後，應輔導學生提出妥當的研究報告，其內涵在包括前項所列各項。其要件應能清楚表達研究結果，是否確已解決研究問題，達到研究目的。

6.研究報告之展現

　　研究報告撰寫完成後，應使有機會呈現給有關人士或機構參用。例如：對於環保研究則應呈現給環保人士或環保機構，才能使研究結果不致束之高閣，不僅可以讓有關人士或機構應用該研究結果，而且可以請他們給予指導，以增進資優生研究能力，並增強實質的研究內容。

第 3 節　資優學生的情意課程

一、資優生情意課程的內涵

　　資優教育一向較偏重認知領域，其實，認知和情意對於資優生的成長發展同等重要，密不可分。認知的發展常受情意的狀況所影響。是故，近年來，資優教育已逐漸重視情意領域，例如 Krathwohl & Bloom（1964）的個別化價值系統，Sellin & Brich（1980）的態度、信念和價值，Carin & Sund（1978）的興趣和欣賞，Frank & Dolan（1982）的毅力、獨立和自我概念，Treffinger 等（1976）的情感、情緒和人己覺知，以及人際

關係等，Fantini（1981）的人文主義，William（1970）的好
奇、冒險和想像等。

　　情意教育和諮商輔導的差異，可以從下列比較中看出來。

情 意 教 育	諮 商 輔 導
(1)團體導向	(1)個人導向
(2)教師主導	(2)諮商員主導
(3)包含自我認知和與他人分享感情	(3)包含問題解決、選擇、解決衝突、自我探知
(4)包括計畫性練習和活動	(4)包括非結構性個人或團體諮商、學生決定內容
(5)和治療無關	(5)和治療有關
(6)使學生澄清自己的價值和信念	(6)使學生改變其概念和適應技能
(7)和課程密切相關	(7)與課程無關

　　雖然情意教育和諮商輔導二者不同，但是如果諮商人員和情
意教育的教師能夠相互配合則可收相輔相成之效。學校為資優兒
童安排情意教育方案時，最好邀請諮商人員一齊參與設計。教師
最好也能夠有最基本的諮商輔導訓練，使能處理一般的心理問
題。在中學階段，學校諮商人員更應參與情意教育方案，給予資
優生在生計發展上特別協助。

　　學校情意教育方案，可以混合在一般課程中實施，也可以單
獨設計課程教學裏，包括情意和認知二方面，在小學應以發展積
極的自我觀念為主。配合社會發展課程，資優生發展積極的自我
概念。中學階段的情意教育，可採小型團體的方式進行，讓成員
彼此分享關懷、交換經驗，以避免退縮、孤獨的情感，此為青少
年自殺的主因。其次，對於兒童的興趣的發掘與培養、動機的激

發、自信心的建立、克服困難的勇氣、道德的發展、態度技能的學習、合作態度的養成和領導能力的培養等，故應該是資優生情意教育方案中重要的學習經驗。

　　發展積極的自我概念乃是資優生情意教育的第一步。社會技能、領導能力和道德發展也都植基於兒童的自尊心。正如茶杯中的茶一樣，太多則自滿而溢，不足則無以助人。自我概念來自於資優生和自己、他人、團體或環境的互動中逐漸形成。因此，兒童的自我概念必須在人際互動中才能養成。許多父母親過度的保護或過度誇獎，使資優兒童不敢面對現實，不能袪除羞恥心，凡事過度敏感、完美主義和自我批判，只有成功的滿足而無失敗的經驗。這種植基於求成情形稱之為「蔽掩現象」。資優生多少都有這種現象。他們自覺不如他人想像的那麼好，又怕被拆穿。

　　要改變資優生的消極自我觀念並非易事，因為資優生常會加以掩飾，也常會以自我掩飾自卑，以無動於衷來掩飾敏感與脆弱的心靈。小型團體輔導可以協助資優生了解他人也有這種情緒，因而加以改正。

　　為實現情意教育，我們可以讓普通班、資源班或資優班的資優兒童列出他們所關心（或擔心的）數項問題，然後加以統計，可以得到許多問題，可以做為設計情意課程的內容。例如，Strop（1983）就曾用這種方法發現十五、十六歲資優生常關心下列問題：

　　1. 和同儕建立並維持良好關係。

　　2. 對他人的談論過度敏感。

　　3. 適當的生涯抉擇。

4. 消除緊張的能力。

5. 持續的成就動機。

6. 發展積極的領導技巧。

7. 和兄弟姊妹相處。

8. 容忍力。

9. 求全主義。

10. 避免長期的無聊感。

此外，尚有一些屬個人性的特殊問題如下：

1. 低成就。

2. 退縮、沮喪。

3. 掩飾能力。

4. 了解內在。

5. 不均衡的發展。

6. 過度競爭。

7. 他人對其能力之妒忌。

8. 對他人的過度的責任感。

9. 被年長兄姊過度保護。

10. 潛在障礙。

11. 缺乏知心朋友。

綜合言之，下列主題可以做為資優生情意教育課程的主題：了解資優，自我期許，怕失敗，他人的期望，與眾不同，不均衡發展，內省，同儕壓力，競爭，罪惡感，社會技能，面對壓力，敏感性，容忍力，家庭動力，為他人負責，發展研究習慣，發展領導才能和氣質，生涯試探等。以自我觀念，自我引導，和社會

關係為重點。

　　情意課程不像認知課程一樣，較難發展課程的範圍和程序（scope and sequence）但非不可能。如發展研究技能和生計試探則較敏感性和容忍力較易發展各年級的範圍和程序。自我期許和他人的期許等可在各年級教學，但了解資優和與眾不同等課程可從小學高年級起。有些可以循序發展，有些則必須一再重複教學。可知，資優生的情意教育必須保持相當彈性。完全依據該小團體的需要而定。例如在結構性的小型團體輔導中如有特殊需求產生，則應允許非結構性的活動在適當時機介入。因此，需要有受過訓練的諮商員或社會工作員參與。資優教師也應具有帶領資優生小型團體的能力。

　　Krathwohl（1964）的情意教育目標分類法可以採用。其主要領域如下：

　　1. 接受

　　(1)覺知　(2)願意接受　(3)選擇性注意。

　　2. 反應

　　(1)順從　(2)願意反應　(3)滿意反應。

　　3. 價值化：情意教育之核心

　　(1)價值接受：選擇　(2)價值喜愛：獎賞　(3)全神投注：行動

　　4. 組織

　　(1)價值的概念化　(2)價值系統的組織。

　　5. 價值人格化

　　(1)類化　(2)人格化。

　　茲舉若干情意教育活動實例如下：

1.三種願望（自我覺知）：說出您的三種願望。

2.解凍（分享情感、與眾不同）

(1)您喜歡哪一種電視節目？何故？

(2)您所看到的最好電影是哪一片？為何您喜歡它？

(3)您最喜歡的書是哪一本？何故？

(4)您最喜歡的運動為何？何故？

(5)您見過最美麗的是什麼？何故？

(6)您認為最不公平的事是什麼？何故？

(7)您最近十年內想做什麼？何故？

(8)過去的人當中您最喜歡誰？何故？

(9)您最愛的是什麼？何故？

(10)您最不喜歡的是什麼？何故？

(11)您最想從朋友當中獲得什麼？何故？

(12)您最夢想做什麼？何故？

(13)對您一生中影響最大的什麼？何故？

(14)舉出您三種最佳特質。

(15)您最希望改變您自己的是什麼？何故？

(16)您最希望擁有何種才能？

(17)您最擔心的是什麼？

(18)您做過的事情當中最可笑的什麼？何故？

(19)您最感寂寞的是什麼？

(20)您最感安全的是什麼

(21)您最希望解決的世界問題為何？何故？

3.幻想朋友（與眾不同）

(1)您小時候有沒有想像中的朋友？

(2)您何時有這樣的一位朋友？

(3)儘量描述您這位朋友。

(4)保持多久？

(5)何時放棄？何故？

(6)還想他嗎？

4.獎賞（建立自尊、社會技巧）

每週任選一位同學或朋友，連續加以觀察，每天將其優點加以紀錄，週末說出其優異並給予頒獎，次週再選另一同學。

5.神祕箱（內省、自知）

在神祕箱外貼上一張剪自雜誌的照片，代表他人所認為的您，在箱內另貼一張代表您自認為的自己，箱內的相片可保持秘密。

6.情緒線（面對壓力）

每天寫下您的感覺，將此感覺以 1-10 加以記錄，10 代表最快樂。您可以發現是否終日快樂，還是不快樂，還是都有，有循環性嗎？您可以預測嗎？

7.恭維（社會技巧）

每位同學背上貼一白紙，每人發給一支簽字筆，各在不同同學背上的白紙寫下您對他的喜愛，可用不同的字形，使認不出。

8.收藏物（了解資優）

每人帶五種收藏物到校，各說出為何喜歡它？對您有何特殊意義。

9.貶抑（社會技巧、容忍力）

把一天中別人對你貶抑的話記下來，另一天把別人對您恭維的話記下來，設法消除他人對您的貶抑的以及自我貶抑。觀察他人對您的反應，您自己的感受又如何？

10.對枕談話（家庭動力）

當您生氣時，試著拿起枕頭，蓋住嘴巴，對著說您對和他人錯的理由。把枕頭翻到另一邊，同樣說出他對我錯的理由，再翻到枕頭邊，說出雙方都對的理由，再翻到另一邊，說出雙方都錯的理由。

11.自傳（自知、生涯試探）

以您一生中重要事件寫自傳，這些事件對您一生有多重要，為何？

12.雞尾酒會（自許、他人的期許）

在室內有一羣資優生，彼此相遇都說：「我可以和您做朋友嗎？」或是「您是我最崇敬的人」、「您最樂於助人」等。一段時間之後，改變口氣說：「我最討厭您」、「您讓開」、「你最客嗇。」然後想想您自己。

13.說「不」（自許、他人期許）

二位資優生成一對，要求對方替您做不合理的事，他一直說：「不」。反之，他要求您做不合理的話，您一直說：「不」。然後改變角色，您一直要求他為您做合理的事，你也一直說「不」。然後換他一直要求您為他做合理之事。你說「不」時的感受如何？要求做合理之事和不合理之事的感受有何不同，在哪一種情形下說「不」比較容易。

14.家庭成員（家庭動力）

　　在資優班中由部分同學裝扮成某家的成員，觀察不同角色的情形，又彼此間有不同的心理距離時（如誰和誰最親近？誰和誰最疏遠？）的心理感受。

　　情意教育乃是學習的個人和人際層面的教育。在小學低年級階段可以實施自我覺知，發展友誼關係，學會對陌生人說「不」，自我保護，和欣賞能力等。中年級的情意教育課程可與認知課程一同實施，包括人際敏感性、領導技能、價值澄清、了解資優、與眾不同、和友伴相處（包括非資優者）等。高年級以上可採研討座談的方式實施，強調世界問題、表現、建立積極人際關係、敏感性、求全主義問題，和面對內外在壓力等。

二、建立積極進取的自我概念

㈠資優兒童的自我概念

　　自我概念是一個人對自己的看法，也就是一個人對自己的信念和態度，這種信念和態度決定了他是怎樣的一個人，也決定了他所要走的方向。

　　自我概念不是遺傳而來的，而是在個體和環境的互動中所形成的。環境像一面鏡子，隨時給個體提供互動後的評價。不論這些評價是正確的或是錯誤的，都能使個體對自我產生若干的印象，久而久之，就形成了自我概念。例如：某兒童在家都能遵照父母的教導來做事，父母常常讚許為「好」孩子。在學校做功課常常被老師稱讚為「好」學生，朋友相處也常常被認為是「好」

人。則該童便有了「好」的自我概念。反之，若常常被父母罵
「笨」，考試成績常常很差，被同學認為看不起，則必然發展
「差」的自我概念。

(二)建立積極進取的自我概念

要培養資優兒童主動學習的精神，首在建立其積極進取的自
我概念。能夠積極進取，才能主動學習。欲建立資優生積極進取
的自我概念，首先必須肯定下列信念。

1. 自我概念是可以經由教師、家長或輔導人員的教育輔導而
加以改變的。

2. 由於自我概念是長期發展而成的，所以，需要長時間的輔
導才能奏效。

3. 為培養資優生積極進取的自我概念，必須塑造積極進取的
輔導環境。

許多資優兒童，由於能力強、學習快、反應好，所以從小就
被父母師長或同學所肯定，因此做事積極，努力進取，不怕困
難，也自然發展積極進取的自我概念。但也有不少的資優兒童沒
有這麼好的生長環境。父母忙於工作，無心輔導，老師也不能善
用教學方法，只知打罵，甚至於抑制其展現特長，因此，無法培
養積極進取的自我概念。對於前者，吾人應善加維護，以免受傷
害。至於後者，則需要特殊的輔導方式以發展其積極進取的自我
概念。

欲建立資優生積極進取的自我概念，主要在發現其優點，並
給予肯定。學習上、工作上便有較多的成功機會，若有挫折也應

鼓勵其不畏艱難，全力以赴，克服萬難終底於成。下列活動可供輔導上之參考。

1.培養資優生確實認知資優的概念

過去的資優教育理念認為資優生不宜讓他知道其本身是資賦優異，否則將會有驕傲心態。目前資優教育家都認為應讓兒童了解其資賦優異的本質，和其他人有何不同。是透過何種方式甄選出來的，其資優教育方案為何。這些都可以讓資優兒童了解自己資賦優異之所在，期與未來生涯發展相結合。此外，應讓他透過各種方式來了解其他資優者，以收見賢思齊之效。其方式如下：

(1)研究資優者的生平：梅克爾（Maker）認為資優課程應包括內容、過程、成果和環境的改變。而對於資優名人的研究乃是內容改變的重要項目。資優生可以從報章雜誌或名人傳記中去了解資優名人的生平。資優生可以選擇一位他感到興趣的資優名人，深入研究其個人資料、家庭背景、交友情形、工作狀況以及事業成就等。尤其著重家人對其資優的態度和其與家人的關係，如何保持適當良好。同時著重資優對其工作上的影響，對其自己資優的正確態度。又使其了解資優並不一定保證成功，在生涯發展過程中仍然會遭遇到挫折，如何克服工作中的困難和挫折，最後達到成功的目標，當其遭遇失敗，又是如何處理失敗的經驗。對其成功和失敗的看法如何？成功後的處事態度如何？

(2)訪談成功的資優成人：社會上各行各業各階層都有事業成功或工作上有成就和研究上有傑出表現者，可為資優生的楷模。資優生可依其資優特質或特殊興趣，選擇適當人物進行訪談。例如音樂資優者，可拜訪傑出音樂家，對政治有興趣者，可以訪問

有傑出表現且可為楷模的政治家。教師宜先指導資優生調查社區內的資源人物，並了解其接受訪談的意願，再安排資優生前往拜訪。以免受拒而影響學生學習興趣。訪問重點可參考生平研究的資料。

(3)邀請傑出的資優成人來校參與座談：有時訪問資優者只能有少數資優生參與，為求擴大參與，可以邀請傑出的資優者來校和資優生座談，如此可以節省資優成人的時間而能讓全體資優生同時參與座談活動。座談之前，教師應指導資優生搜集、研究有關資優生成人的個人資料、家庭資料和生涯資料等。座談時可請傑出資優生成人自我介紹，其重點可參考生平研究所提出的事項，講述之後再由資優生提出問題，這些問題最好先準備好，臨時發現的疑點或重點也可以提出，除同學與資優者之間的互動外，資優生之間也可互相提問或檢討。資優成人也可以提出問題或意見和資優生交換看法。這種學習活動，對資優生認識資優概念及人格成長有莫大的益處。

(4)羣英會：資優生透過閱讀、訪談、座談後，對傑出的資優人士已有相當的了解，為使其進一步接觸或深入了解，可在校內舉行羣英會，邀請傑出資優人士及校內有關教師參加，資優生可以某一傑出資優人士為楷模，學習其言談、風度及氣質。甚至可以化裝成該資優人士的模樣。聚會中儘可能使資優生、資優人士和資優教師三者在一起。必要時，資優生可以權充小記者來訪問資優人士。教師可從旁加以觀察，以為日後輔導之參考。在羣英會中，資優生若能展示其所收集關於其傑出人士的資料，由傑出人士參觀後提出看法，將更可增加教育性及趣味性。資優人士也

可以將其重要資料提供展示，可以增加彼此的交流。資優生也可以試著提出個人見解就教於資優人士。羣英會的高潮可以是猜人遊戲或才藝表演。在猜人遊戲方面可由資優生依據對傑出資優人士的了解編製謎題讓全體資優生去猜。至於才藝表演可由傑出資優人士和資優生個別表演相同或不同的才藝，也可以一起表演，甚至於可以全體表演。但不做任何比較，使資優生了解個別差異的存在。

(5)模擬記者會：為使資優生了解自己的資優情形，可在班級內舉行模擬班內記者會，由某同學擔任主持人，其餘同學權充記者，提出各種問題，由主持同學回答，如不便回答也可以不回答。例如：①您認為您的優點在哪裏？②您有哪些方面的資優？③您的資優對您有幫助嗎？在哪些方面？④您的資優曾使您感到不便嗎？在哪種情況之下？⑤未來一年內或五年內可能面臨哪些挑戰？⑥您曾經因資優而感到快樂或煩惱嗎？⑦您認為您的資優應該感謝誰？父母？自己？或老師？⑧您曾經有感到不如人的時候嗎？⑨您認為資優一定會成功嗎？⑩您比較喜歡和資優相近的在一起，或不同資優者在一起，或和不如自己的在一起。⑪您認為你的父母也是資優嗎？⑫您認為資優者應該發展最大的潛能以賺取更多的錢來改善生活？還是為社會做更多的服務？⑬誰是您最願意學習的楷模？⑭您願意把你和他比較一下嗎？其他如興趣、讀書方法、處事態度，以及人際關係等問題也可以提出。

(6)資料的整理與保存：透過前述教學活動，資優生可以獲得相當多寶貴的資料，若能加以整理保存，不僅是一種很好的學習經驗，而且可以是日後良好的教材。任何書面資料都可加以整理

保存。座談、訪談、羣英會或記者會的資優若能加以錄影、錄音，都很有用處。可以做為學習活動的一部分。

2.增進資優生對自我的了解

資優生也和普通兒童一樣，有其個體間之差異，也有個體內之差異。在能力上有高低優劣之差，在人格特質上也有長短之別。讓資優生更了解自己的能力、興趣、性向、人格特質等，更能使其自尊自重，以建立積極進取的人生觀。關於認識資優部分已在前面討論過，不再贅述，以下僅就能力、興趣、性向、人格特質說明之：

(1)我的剖面圖：對資優生實施智力測驗之後，可將其分項繪成剖面圖，使其了解能力之差異，也可將其各科成績畫成剖析圖，使兒童了解哪些科目成績較好，哪些成績較差，進一步輔導其發揮所長，補救所短，才能有健全的發展，如能和其他同學的剖面圖互相觀看，更可以了解個別差異的意義。

(2)我的興趣：對資優生實施興趣測驗，可以幫助資優生了解自己興趣之所在，進而依據興趣進行專題研究。

(3)我的性向：對於資優生實施性向測驗，可使其了解自己在哪些方面比較具有發展潛力，教師也可以從觀察資優生的日常學習行為中了解其性向之所在，以協助資優生了解自己，進而做為輔導的依據。

(4)我的人格特質：藉著人格測驗的實施，可協助資優生了解自己的人格特質。教師也可以協助資優生了解人格、自我概念等重要概念的意義，並協助其建全人格發展。

(5)我的行為檢核表：資優生行為的良好與否，直接影響他和

同學的人際關係。一般而言，良好的行為是大家都能接受的行為，足以增進其與其他同學的人際關係。不良行為不能被接受，如果經常表現不良行為將影響其人際關係。教師可發給每位同學二張行為檢核表。一方面記錄自己的行為，一方面記錄其他同學的行為，藉著同學的互相檢討，可以促使資優生放棄不良行為，進而表現良好行為。

(6)我的學習風格：資優生的學習風格和普通兒童一樣，有其個別差異存在，可施予資優生學習風格量表，使其了解自己的學習風格，並協助其發展適當的學習策略。

(7)我的學習管道：不同的資優生可能有不同的學習管道。有些人長於視覺學習，有些人長於聽覺學習，有些人則須視聽並用，才能有良好的學習效果，甚至有些須藉助於運動覺，協助其了解自己的學習管道，有助於採取適當學習策略。

(8)我的嗜好：每個人都有他的嗜好，資優生也不例外，個人的嗜好多數和他的興趣或性向有關，但也不盡然如此。善用其嗜好，加以因勢利導，有助於其學習和研究。

(9)我的情緒：讓資優生了解自己的情緒，有助於健全人格發展之輔導。下列活動可參酌運用：

①餓鷹：為使資優生了解每個人都有情緒，可以用餓鷹的比喻來增加其趣味性。告訴資優生每個人一生下來就在肚子裏有一隻餓鷹，隨著年齡的增加而長大，它的飼料是「沮喪」與「洩氣」。當學生沮喪或洩氣時，餓鷹就吃飽了，因而影響學生的自尊。由於它對學生的自我觀念有消極的影響，所以儘可能使餓鷹保持飢餓狀態。如此，學生的自我觀念才能有健全的發展。學生

每天可以記錄餵餓鷹次數及餓鷹的情形，自我覺知積極與消極情緒行為，以避免沮喪、洩氣之不良情緒。

②情緒溫度計：全班可製成一個情緒溫度計表，每生一個溫度計。刻度可從 1 到 10。情緒不佳時為「1」，最好時刻為「10」。每生每天到校可自定一度數，利用道德與健康時間說明其選定該度數之理由。相互檢討，交換意見達到輔導之目的。

③情緒線：以一長方形代表一個人的情緒，中間畫一橫線代表情緒線。長方形的左邊標上刻度以代表情緒的高低（由(2)的活動記錄可以得知情緒線的位置），情緒線之上代表不可接受區，情緒線之下代表可接受區。當情緒愉快時，情緒溫度高，情緒線上移，可接受區加大，不可接受區縮小，此時，較易和他人相處。反之情緒低落，情緒線下移，可接受區縮小，不可接受區加大，此時，資優生較不易和他人相處，最好少參加團體或交友活動。（參見圖 3-2）

圖 3-2　情緒變化與社交

④情緒周期：將情緒溫度計的刻度記入月曆表中，可以看出資優生的情緒周期，輔導資優生了解何以某些日子特別快樂，某些日子很不快樂。某些日子很高興和同學相處，某些日子只喜歡獨處，從情緒周期可以看出端倪。

⑽從自我了解中接納自我：個人成長的要素之一就是接納自我，了解自己的喜怒哀樂、長處和短處。要自我接納先自我了解。各個學生可在教師輔導下填寫「自我的成長歷程」，使學生能夠有計畫的進行自我試探。茲將「自我的成長歷程」如下：

自我的成長歷程

同學們！個人的成長就是一個旅程，有新的經驗，新的朋友，您自己也可能會有內在的改變。這份問卷裏面所提出的問題在幫助您對自己生活開始新的試探。希望您能誠實作答，不必考慮時間。

對您而言，此時意味一種新生，一種自我試探、發現、分享施與受的機會。生命如旅途，各奔前程。

1. 開始做這份問卷時，我是＿＿＿＿＿＿＿＿＿＿＿＿＿＿。

2. 在本計畫中，我要＿＿＿＿＿＿＿＿＿＿＿＿＿＿＿＿。

3. 參與本計畫後，我希望＿＿＿＿＿＿＿＿＿＿＿＿＿＿。

4. 我覺得容易做的事情是＿＿＿＿＿＿＿＿＿＿＿＿＿＿。

5. 我覺得很難做的事情是＿＿＿＿＿＿＿＿＿＿＿＿＿＿。

在個人成長的旅程中，有時我們必須看看我們自己，了解我們自己，自問：「我是什麼？」，「我如何？」

6. 我喜歡我自己的特質是＿＿＿＿＿＿＿＿＿＿＿＿＿＿。

　　爲什麼？＿＿＿＿＿＿＿＿＿＿＿＿＿＿＿＿＿＿＿＿。

7. 多數時間我只在維持自己的現況，如想超越我現在的水準，我必須

　　＿＿＿＿＿＿＿＿＿＿＿＿＿＿＿＿＿＿＿＿＿＿＿＿。

　　爲什麼？＿＿＿＿＿＿＿＿＿＿＿＿＿＿＿＿＿＿＿＿。

8. 我想改進的特質是＿＿＿＿＿＿＿＿＿＿＿＿＿＿＿＿。

　　爲什麼？＿＿＿＿＿＿＿＿＿＿＿＿＿＿＿＿＿＿＿＿。

9. 其他人認爲我＿＿＿＿＿＿＿＿＿＿＿＿＿＿＿＿＿＿。

我們互爲鏡子，透過您的眼睛，我可以看到我的成長，過去是重要

的，因爲可以讓您了解「現在您是誰。」

10.下列人士曾助我成長（並説明如何助您）

　　①_____。

　　②_____。

　　③_____。

11.我最愉快的時刻是_____。

　　爲什麼？_____。

12.我最傷心的時刻是_____。

　　爲什麼？_____。

13.過去的事我希望改變的是_____。

　　爲什麼？_____。

14.我心目中的英雄是_____。

　　爲什麼？_____。

15.請誠實完成下列句子

　　①今天我是_____。

　　②明天我要_____。

　　③我的朋友是_____。

　　④愛是_____。

　　⑤我最感不安的時候是_____。

　　⑥我感到很真實的時候是_____。

　　⑦十年内我_____。

　　⑧我感到有安全感的時候是_____。

　　⑨我的父母_____。

　　⑩我對他人的第一印象，通常_____。

　　⑪當我不喜歡別人時，我_____。

　　⑫最難的事是_____。

　　⑬性是_____。

⑭異性覺得我有吸引力，因為＿＿＿＿＿＿＿＿＿＿＿＿＿＿。

16. 我很想知道下列三件事

　① ＿＿＿＿＿＿＿＿＿＿＿＿＿＿＿＿＿＿＿＿＿。

　② ＿＿＿＿＿＿＿＿＿＿＿＿＿＿＿＿＿＿＿＿＿。

　③ ＿＿＿＿＿＿＿＿＿＿＿＿＿＿＿＿＿＿＿＿＿。

17. 我人生的目標是＿＿＿＿＿＿＿＿＿＿＿＿＿＿＿＿。

　為什麼？＿＿＿＿＿＿＿＿＿＿＿＿＿＿＿＿＿＿＿。

18. 我感到最有價值的是＿＿＿＿＿＿＿＿＿＿＿＿＿＿。

　為什麼？＿＿＿＿＿＿＿＿＿＿＿＿＿＿＿＿＿＿＿。

19. 生命是＿＿＿＿＿＿＿＿＿＿＿＿＿＿＿＿＿＿＿＿。

20. 現在我覺得＿＿＿＿＿＿＿＿＿＿＿＿＿＿＿＿＿＿。

21. 為您以後數週寫下心理健康的訊息＿＿＿＿＿＿＿＿。

　　每位學生每年可填寫「自我成長歷程」問卷二次。填寫後交給老師，經過一段時間之後，師生可以共同研討，透過這種輔導歷程，學生獲得了成長。

　　⑾從自我了解中培養適當行為：在成長過程中學生常常不知道哪些是適當行為，哪些是不適當行為，為讓學生體會適當行為和不當行為，角色扮演可能是一種適當的方式。透過角色扮演，學生可以體驗適當行為和不當行為的異同。

　　例如，有些同學對學校措施不以為然，想向校長報告，此時學生應有適當行為，因此，學生可先以角色扮演方式於不同情境扮演不同的適當行為和不當行為，然後以小組方式討論並檢討改進。

　　雖然每個人所覺知的適當行為可能因時因地而有所差異，但其基本特徵是和他人的關係會是圓滿和諧的。當資優生在某種情

意表現適當行為，接受者會感到滿意，也會表現出適當的行為，如此，雙方關係必然和諧。資優生如能善加覺察，必能從自我了解中養成適當行為。

⑿從自我了解中計畫創造性的生活型態：每位資優生的個人興趣、能力、需求、特性、以及其所接觸的環境不同（家庭、朋友、父母、兄弟、師長等），所以各有其不同的生活型態。尤其資優生有較廣泛的興趣，社會接觸的範圍甚廣，常常會了解他人的生活型態，因而產生對自己生活方式的不滿。若家長過度關心資優生的教育，要求其學習過多的功課，有些教師也會對資優生期望過高，要求過嚴的情況，將會使資優生感到生活刻板單調。如果資優生過早閱讀不當書刊，過早接觸灰色思想，常有導致生活失調，思考怪異，甚至於走上自我毀滅之路。我們應善用資優生的卓越資質，發展將其各種興趣與各方才能的特性，在實際生活中加以點綴、發揚，隨時改變生活型態，展現其資優特性，使生活既充實又圓滿，才能培養其健全人格。

3.協助並發掘資優生的興趣

興趣是兒童學習動機的基礎，是持續努力工作的能源。所以協助資優生發現自己的興趣或發掘其興趣，乃是資優生情意教育的重要項目，我們可以藉著下列途徑來進行。

⑴從名人傳記閱讀中試探其興趣。當指定每位資優生閱讀其所喜歡的名人傳記時，可以了解資優生閱讀哪一類名人或哪一種名人傳記。例如，甲生喜歡閱讀莎士比亞等類名人傳記，也許可以看出其對文學有興趣。又如：乙生喜歡閱讀李遠哲的傳記，則可推測其對科學方面的興趣。如果資優班中每一位同學都閱讀相

同的名人傳記，則可從其閱讀心得報告，或閱讀後的班內討論會中，可以看出某些資優生對某類傑出人士的傳記特別感興趣，也特別有心得，則可以據以推測其興趣之所在。例如，當每位資優生都看愛迪生傳時，甲生特別有心得，且另外閱讀其他有關愛迪生的資料，則可以推斷其可能對科學感到興趣。若乙生在閱讀林肯傳記時特別感到興趣，則可以推測其對政治學可能有興趣。

(2)從傑出人士的訪問中試探其閱讀。安排資優生訪問傑出人士時，可由資優生自行選擇訪問對象。若資優生經常選擇某一類的傑出人士訪問時，也許可以推測其興趣之所在。假使安排數位資優生同時訪問一位傑出人士，則其興趣可以在訪談中表現出來，例如，對數學有興趣者，當安排訪問數學家時，將興趣益然，而訪問音樂家時就不一定那麼有興趣了。

(3)從安排參觀活動時也可以觀察資優生的興趣。在資優教育的校外活動中可以安排各種不同的參觀活動，例如科學館、音樂廳、美術館或立法院時。對科學有興趣的學生在參觀科學館時將特別有興趣；對政治有興趣的資優生將特別喜歡到立法院去參觀，從參觀活動中可以觀察其興趣之所在。

(4)從專題講座中觀察資優生的興趣。聘請專家到校做專題講座時，資優生在聽講時或聽講後的反應可以看出其興趣，例如，對藝術有興趣的資優生對科學的專題講座不一定感興趣，但對美術的專題則甚感興趣，從而可以了解其興趣。

(5)對傑出人士的生平研究或座談中可以試探其興趣。在某一領域有傑出成就者，若資優生對該領域有興趣，將會特別熱切參與該傑出人士的生平研究和座談，從而可以了解其興趣。

⑹其他如從名人記者會，名人之夜，成長計畫或生涯計畫中也可以觀察其興趣。在日常生活或活動中，只要教師稍加留意，也可以發現資優生興趣之所在。

當然資優生的興趣有單一的，也有多方面的，所以許多資優生都會在各種領域顯現興趣。吾人從觀察中可以發現資優生在主要領域和相關領域上的興趣，不過也不能忽略不相關領域方面的興趣。例如：某生的主要興趣領域是文學，則其相關興趣領域可能是藝術，但也可能在生物學上有興趣。教師在觀察時，不必限於一種興趣領域。若發現資優生有多種領越興趣，似可以進一步探討其可能之主要興趣領域，此種探討在資優兒童教育輔導上甚具意義。

資優兒童具有一種或多種優異潛能，因此，可能會有一方面或多方面的興趣。有些興趣可以立刻觀察出來，有些則須經短期或長期培養才能展現出來。若沒有給予接觸的機會，將無從發現其興趣，因此，資優生的興趣試探，在國中小階段，應使其有接觸的機會。要發掘資優生的興趣，第一步是平日的觀察。在安排資優課程時，在一般的探索活動中，可以促使學生擴展他們的興趣，教師指導學生探究他們所感興趣的問題，使學生有廣泛的機會去發掘他們在各方面的潛在興趣。觀察的項目，在學生所關心的事物？學生所欽仰的人物特徵？學生時常提到哪方面的問題？選擇了什麼樣的主題？選擇了哪些相關圖書等等……，均能顯現學生的興趣傾向。

其次是用興趣量表工具來檢視學生目前和潛在的興趣。包括性向測驗、興趣調查表、問卷調查等，這些工具包含一連串假設

的情境，用來探究、評析學生的興趣。

　　有時採用面對面的探詢方式，學生亦會說出他的願望，甚至說出喜歡的原因及理由。從探詢的結果可以推斷分析學生的興趣、喜好，作為學習的動力。

　　在發掘資優生的興趣後，為培養其主動學習的能力，依其興趣增進發展個人所需的知識、技能與方法。有時依興趣而專心於某一領域，以致學習上、態度上、興趣上有日趨狹窄的傾向，因此，除了原有的愛好領域給予充分發展外，也應包括相關領域的試探、及無相關領域之試探，各領域間相互連接，超越本身狹隘的學習領域，以增廣見聞，奠定未來主動學習的基礎。

　　例如：在做興趣試探時，安排了「閱讀」活動。在「閱讀」活動中，觀察發現學生對科學方面很有興趣。那麼就以學生的興趣為出發點，來做充實的活動。但只做科學問題的探究，範圍太窄，因資優必須具備一般基本能力，所以除了繼續發展與科學興趣有關的研究外，亦須以科學為材料，設計有關語文方面的活動，以充實語文能力，達到語文教學的目標；其他的能力培養亦然，從原屬（科學）領域到相關領域進而無相關領域。

　　如此，資優生不但可以健全基本能力，且在試探相關領域及無相關領域時又可發現新的興趣領域。

4.從自我認識中培養榮譽感

　　資優兒童越能認識自己，對自我觀念的提昇越有幫助。認識自己的優點固然對資優生的自我觀念具有正面的意義，對自己缺點的了解也可以據以進行自我「改造」，這是輔導資優兒童的重要事項，從自我改造中培養積極的自我觀念，進而激發其榮譽

感。下列教學實例可供參考。

一、教學年級：三年級資優班

二、教學單元：認識自己

三、活動設計：李玫青

四、教學時間：240分鐘（分六節實施）——不含參觀活動、影片欣賞時間。

五、各節重點：

　1.認識人體外形與內部器官的功能。

　2.建造一個理想的身體。

　3.撥開雲層看自己。

　4.三分鐘創意自我秀。

　5.優點大轟炸。

　6.榮譽樹。

六、單元目標：

　1.認知方面：

　　(1)能瞭解人體外形與各器官之功能。

　　(2)能知道保健身體的方法與重要。

　　(3)能認識自己，明白自己的優缺點。

　　(4)知道表現自我的方式與重要。

　　(5)瞭解榮譽的意義與重要。

　2.情意方面：

　　(1)能愛惜自己的身體。

　　(2)樂意表現自我。

　　(3)能欣賞自己、愛自己，建立積極的人生觀。

　　　　(4)能欣賞別人的優點，建立良好的人際關係。

　　　　(5)能積極爭取自己的榮譽。

　　3.技能方面：

　　　　(1)能介紹、講說人體外形與各器官功能。

　　　　(2)能創意思考改造人體的方式。

　　　　(3)能以創新的方式，向他人介紹自己、表現自我。

　　　　(4)能蒐集、分類、分析、剪貼資料。

　　　　(5)能為自己爭取榮譽，展現優點，改進缺點。

　　期盼學生經由「生理我」、「心理我」、「社會我」的認識、瞭解、建造一個積極、健康的「理想我」。

七、準備活動：

　㈠教師方面：

　　1.準備人體模型與各器官之細部解說掛圖。

　　2.蒐集相關之書籍與資訊。

　　3.指導學生蒐集、分析、分類、剪貼人體器官的資料。

　　4.準備「人體的奧秘——消化吸收之妙」影帶。

　　5.設計作業單——

　　　　(1)我的身體。

　　　　(2)理想的身體。

　　　　(3)個人小檔案。

　　　　(4)撥開雲層看自己。

　　　　(5)三分鐘創意自我秀。

　　　　(6)榮譽樹。

　　6.聯絡參觀「國立台灣科學教育館——電腦健康教室」。

　　7.書面紙（全開）繪出人體外形，並準備部分的外形，以供拼

圖。

　　㈡兒童方面：

　　　1. 閱讀並蒐集與人體相關之書籍、資料。

　　　2. 選定一項器官做資料分類、分析、整理剪貼。

　　　3. 觀察自我、家人與同學。

八、教學活動設計：

　　㈠我的身體

　　　1. 展示人體的外形圖案，請小朋友取頭、手、胸等部位，輔導貼
　　　　 在紙上，並說出各部位的名稱及功能。

　　　2. 專題研究發表——

　　　請每位小朋友就自己蒐集、剪貼的資料，並補充前面小朋友所介
　　紹的部位，教師再補充說明。

　　　3. 欣賞「人體的奧秘——消化吸收之妙」影帶。

　　　4. 以「六六討論法」討論，提出如何維護身體的健康。

　　　5. 參觀學校保健室——認識保健室的功能、簡易急救方法介紹。

　　　6. 參觀「國立台灣科學教育館——電腦健康教室」——測試自己

的健康狀況。

(二)理想的身體

1. 問思討論發表：

(1)您對身體的器官，哪一種最滿意？為什麼？

(2)您對身體的器官，哪一種最不滿意？為什麼？應該要如何改造才會適合你？

(3)如果手指可以前後彎曲，我們可以做什麼？

（請參照作業單）

2. 以分組接力競賽的方式，在黑板上輪流繪出一項理想的器官（經改造後的），最後組合成一理想的身體。

3. 師生共賞，評選出最理想的人體。

（評選項目應包含：功能、外形、美觀……等）

(三)撥開雲層看自己

1. 以完成子的方式，回答下面各題，撥開層層的疑雲。

(1)我是＿＿＿＿＿，＿＿＿＿＿年級，今年＿＿＿＿＿。

(2)我的優點是＿＿＿＿＿＿＿＿＿＿＿＿＿＿＿＿＿。

(3)我的缺點是＿＿＿＿＿＿＿＿＿＿＿＿＿＿＿＿＿。

(4)我的長相＿＿＿＿＿＿＿＿＿＿＿＿＿＿＿＿＿＿。

(5)我的父母＿＿＿＿＿＿＿＿＿＿＿＿＿＿＿＿＿＿。

(6)我的老師＿＿＿＿＿＿＿＿＿＿＿＿＿＿＿＿＿＿。

(7)我的好朋是＿＿＿＿＿＿他（她）＿＿＿＿＿＿＿。

(8)我的身體＿＿＿＿＿＿＿＿＿＿＿＿＿＿＿＿＿＿。

（請參照作業單）

2. 回答問題時，教師需引導學生做仔細的觀察，然後才記錄下來。

3. 教師就學生的回答，馬上給予適當的回饋與輔導。

㈣三分鐘創意自我秀

1. 學生自由發表各種不同的自我介紹的方式。

例如：講演、歌曲改編演唱、猜謎……等。

2. 針對自我的特色，請學生設計「三分鐘創意自我秀」，並記錄下來：演出方式、內容、使用道具等。

3. 學生輪流上台發表。

4. 發表結束，寫下感想，並為自己打一個分數。

5. 師生共評，選出一最具有創意的自我秀，頒予「創意獎」。

㈤優點大轟炸。

1. 每一個人寫下自己以外，所有班上同學的優點，至少寫出三項。

2. 教師匯集，分類每個人得到的優點，請小朋友領回自己的紙條。

3. 腦力激盪——

教師發問：

(1)怎樣的行為或表現，才算是人的優點、缺點？

(2)要如何維持、發揚優點？

(3)改進缺點的方式有哪幾招？

4. 小朋友輪流上台，台下小朋友重新思考，對台上同學發表他的優點，「炸」得越多越好。

5. 台上同學需結論出自己的優點。

6. 發表「轟炸」後的感言。

㈥榮譽樹

1. 瞭解榮譽的真義——

教師發問：

(1)榮譽是什麼？有何重要性？

(2)可以用什麼東西來比喻榮譽與人類的關係？

2.腦筋激盪——

(1)小組討論：小朋友應如何表現榮譽，訂出規條來。

(2)各組逐條寫下討論的結果於各長條紙上，張貼於黑板上。
（每組長條紙顏色不同）

(3)師生共同討論歸納各組的規則。（如：1.待人有禮，2.作業認真……等）

(4)共擬榮譽制度：凡有符合上列規則，有優良表現的人，可在榮譽樹上長一片葉子，長滿十片葉子就可以開一朵花，五朵花就可以結一顆「智慧果」。

3.製造「個人小檔案」。

九、說明：

1.教師可依實際學生需求、教學時間、設備……等因素，變更教學活動順序、內容，使此——自我探索活動，更具彈性而達教學目標。

2.參考書籍：

(1)毛連塭博士著（民 77 ），《綜合充實制資優教育》，心理出版社。

(2)陳正芬，《教材設計》，中山國小。

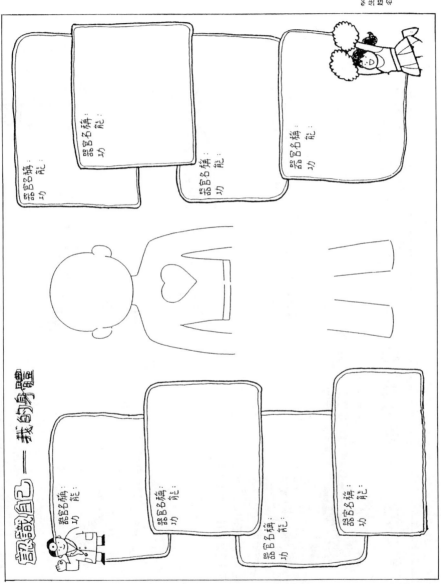

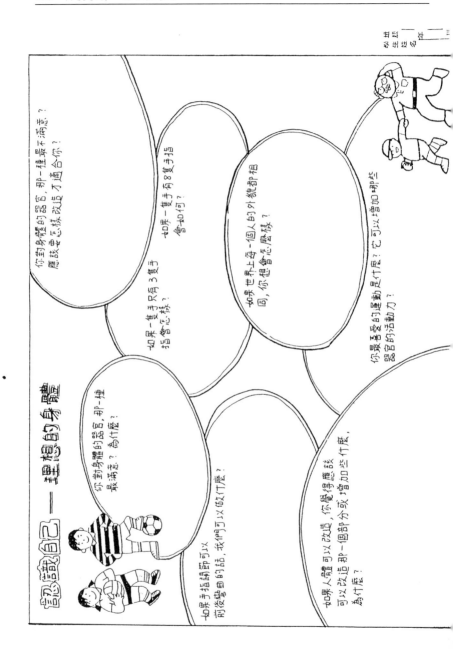

認識我自己──一種的身體

你對身體的器官，那一種最滿意？為什麼？

如果手指彎曲的話，我們可以做什麼？

如果手指彎曲即可以前彎彎曲的話，我們可以做什麼？

如果人體可以改造，你覺得應該可以改造那一個部分或增加些什麼，為什麼？

如果一隻手只有3隻手指會怎樣？

如果一隻手有8隻手指會如何呢？

你對身體的器官，那一種要改進才滿意？應該要怎麼樣改造才適合你？

如果世界上每一個人的外貌都相同，你想會怎麼樣？

你最喜愛的運動是什麼？它可以增加那些器官的活動力？

班級　　
生名　　
姓名

學生姓名

— 你了解自己嗎？
讓我們撥開雲層，看看自己，認識自己。——

●請完成大面的句子●

・我叫 ____
  ，是 ___ 年級
  ，今年 ___ 歲.

・我的優點是

・我的缺點是

・我以前

  ・現在

・我的長相

・我現在

・我常常想

・以後

・我的老師

・我討厭

  ・因為

・我的父母

・我的好朋友是

・他（她）

・我喜歡

  ・因為

・我的身體

・我表現最好的是

・我擔心我

・我希望我的家人

・我希望別人

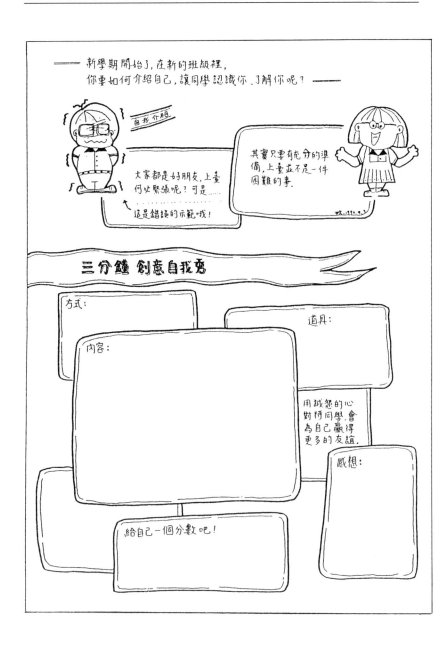

∘∘∘∘∘個人小檔案∘∘∘∘∘

• 請貼上一張自己最滿意
  的照片,並給予花邊設
  計.

班級：　年　班 個人榮譽樹 姓名：　　　

——榮譽是我們的第二生命，
　希望小朋友勇於表現自己優秀的一面，讓個人榮譽樹早日結滿「智慧果」。——

◎凡是作業整齊、待人有禮貌、能幫助別人、遵守秩序、上課專心、做事負責……等，有優良表現的人，可在
　榮譽樹上長一片葉子，長滿十片葉子就可以開一朵花，五朵花就可以結一顆智慧果。
◎希望大家好好努力，學期結束才能有豐碩的收穫。
　　　　　　　　　　　　　　　　　　　　　＝本活動乃參酌 陳正芬老師之設計 ＝

三、建構良好的人際關係

　　固然多數資優生樂於獨立學習和研究，但是，大多數資優生仍然需要友伴，喜歡和其他人玩在一起。積極參與社會互動乃是每一位資優生與生俱來的發展需求。

　　資優生一生的成敗，除潛能是否充分發揮外，能否有良好的人際關係也是重要的因素，而良好的人際關係植基於圓滿和諧的社會互動。因此，資優生必須培養社會互動的人際技巧。

　　1.知己知人

　　要建構良好的人際關係，首先要能知己，其次能知人。能了解自己的優劣缺長才能知所進退，能了解他人才能言談合宜。若能進一步了解別人對自己的看法，將更能舉止中度。

　　2.自尊尊人

　　能自知然後能自尊自重，能自尊自重才懂得尊重他人，能尊重他人才能和他人建立良好的人際關係。一個老是看不起自己的人，便會對自己缺乏信心，因而退縮、孤立，不敢與人交往。反之，若總是看不起別人的人，就會自負自大，讓別人受不了，因而不敢和他來往，這些都是人際關係的重大障礙。

　　3.樂觀進取

　　人際間的交往常常會彼此產生情緒激盪，樂觀進取者將會讓對方感受到積極的一面，對於建立良好的互動關係很有幫助。悲觀哀傷者固然也可以同病相憐，但是建立在這種情況之下的關係是不健康的、脆弱的。

4.真誠無私

與人交往必須真誠無私，才能彼此互相信賴。資優生智力過人，常常顯現聰明能幹、足智多謀，恐給人以不信任之感。必須態度誠懇，處事公正無私，才可建立良好的人際互動關係。

5.設身處地

培養同理心的技巧，多多設身處地為他人設想。如能常常易地易處，將更可了解他人的實際感受，就不會說出或做出和他人情感不一致的情形。尤其多了解他人的真正需求或困難，設法加以滿足或協助其解決困難，將更可增進彼此的互動關係。

6.主動傾聽

良好的人際關係有賴於良好的溝通技巧。主動傾聽術乃是非常重要的溝通技巧，資優生和同學談話時，除多聽同學們的心聲外，尤其深入了解其情感含意，以為回話的基礎。善於運用主動傾聽的溝通技巧者，讓對方有知己之感。

7.不掩飾不自大

資優生常因過度聰明而遭妒，或因成績優異而自大，致常無法被一般同學所接受。為求得同學的接受，常有掩飾資優的現象，必須培養資優生以自然坦誠的方式表現自己，不是為炫顯，而是以協助同學解決困難，或幫助同學提高學習效果為依據，如此方可獲得同學的敬重，發展正常良好的人際關係。

四、培養資優生工作承諾的態度

㈠工作承諾的涵義及其對資優生的重要性

阮汝禮（Renzuli, 1978）認為資優生除應具有中等以上之智能和創造力外，工作承諾（task commitment）尤其重要，是其成敗關鍵之所在。社會學家也認為「承諾是個人對組織、職業或個人價值等，產生認同、全力以赴、持續投入、奉獻忠誠等行為特質」（Tyree, 1991）。而資優生的工作承諾，包括強烈的內在動機，對感興趣之主題、工作、學習等會自動自發地產生強烈的認同感；也會主動地投入大量的時間和精力專注於其中；為力求完美，會固執自己的信念，全力以赴；不論遭遇任何困難與挫折，不論作品的成敗與否，皆能自我肯定（呂勝瑛，民 71；Bloom, 1982）。

Kowaiski、Stipek 及 Daniels（1987）等人所編製之動機檢核表（motivation checklist），其內在動機部分的題項，與工作承諾的涵義非常契合。茲列述內容如下：

1. 個人樂於學習，並接受挑戰。
2. 主動發問、求知。
3. 一旦投入學習，不容易停下來。
4. 主動啟迪自己學習。
5. 喜歡追求相關的智能活動。

Maslow（1970）動機需求理論中的最高層次是自我實現的需求動機，與此工作承諾的意義相近；而工作承諾者亦具有自我實現者之特質（陳仲庚、張雨新，民 78）。劉秋燕（民 83）歸納這些特質如下：

1.準確而充分地知覺現實

工作承諾者能夠真實地看待現實，且有效地預見未來，對外界的觀察極為客觀。

2.自發性、單純性和自然性

工作承諾者有流露自己真實感情的傾向。

3.自主的獨立於環境和文化的傾向

工作承諾者較依賴自己內心世界，較少依賴外在世界。

4.持久的欣賞力

工作承諾者能繼續以志趣和愉快的心情，體驗生活與學習的事件。

5.強烈的審美感

工作承諾者沒有約定俗成的正與誤的觀念，他們擁有自己的美學意義。

但是，Renzulli（1986）認為工作承諾與一般所說的動機並不相同，所謂工作承諾，是主動完成目標的一種堅持力、統整力、驅力、熱心、勤奮、專注、奉獻的精神和內在的動機。他進一步闡釋如下：

1.表現高度的興趣、熱忱，並持續的投入努力。

2.表現出堅持的耐力，有決心的、努力和奉獻精神以為實踐的能力等。

3.堅定的自我、實踐能力的自信和追求成就的動機等。

4.具有正確判斷與創新發展的能力。

5.對目標設定高標準，對自己和外在的批評持開放的態度，發展美感與追求卓越等。

具有工作承諾者，表現對工作（task）的投入，而不是對成果的熱中而已，他們能於工作（task）的過程中獲得滿足和快樂。總之，資優生的工作承諾，可分析包括下列特質；(1)樂在工作和學習，(2)主動求知，(3)熱忱勤奮努力學習，(4)堅強毅力，持續有恆，(5)肯定認同，(6)專注投入，全力以赴，(7)犧牲奉獻，不計名利，(8)自決自信。

㈡培養資優生的工作承諾態度

特殊才能的資優生確實具有較高的工作承諾（劉秋燕，民83），須設計課程積極加以培養，其要點可依據前節分析之特質培養之。

1.培養樂在工作和學習的精神

要培養資優生工作承諾的態度，首先必須使其能夠樂於學習和工作，對工作有興趣才能產生持久的效果。其重點如下：

(1)讓兒童深入了解所從事的學習和工作。

(2)看重自己所學或所從事的工作。

(3)讓學習工作和自己的興趣、專長相結合。

(4)讓學習工作有優異的表現和成功的喜悅。

(5)使兒童知道如何運用所學於實際情境中，以解決實際問題。

2.激發主動求知的態度

工作承諾者對其所從事的工作較能主動求知。惟對資優教育來說，應先培養其主動求知的精神，以期達到工作承諾的目標。其方式如下：

(1)樂在工作和學習可能使其主動求知。

(2)對合乎其興趣、專長的主題，較能激發資優生主動求知的態度，因此，研究主題應合乎其興趣、專長。

(3)利用同儕力量使相互勸勉。

(4)適時給予獎勵。

3.熱忱勤奮努力學習

能夠養成資優生樂在工作和興趣，又能主動求知，必能熱忱勤奮，努力。其他如提供學習的環境與設備，安排優良教師啓發其學習興趣，採取充實與補救並用的策略，以保證其學習成功，運用其典範良師制度，以發展其特優潛能等，都是可行的方法。

4.堅強毅力，持續有恆

此為學習成功的重要因素，若無堅強毅力，且不能持之以恆，則將無法面對困難，忍受挫折因而半途而廢，功敗垂成。吾人雖可設計特殊活動以磨鍊其意志力，但是，最好在日常生活或功課中來實施，較為實際有效。例如：

(1)兒童從小吃奶開始，必須吃完才能改變活動，稍長後，吃飯的訓練也應相同，不吃完不可停止。

(2)遊戲時，必須有始有終，不可中途隨時改變玩法。

(3)遠足郊遊時，必須達到目的地，不可中途折返。

(4)玩鞦韆或必須輪流的遊戲時，必須能夠耐心等待。

(5)做功課時，不論多難或多複雜，必須有耐心，有毅力持續進行，直到完全學會或解決。

(6)在學習過程中，如果遇到挫折，教師應鼓勵其繼續努力，提供協助解決的途徑，使能自行解決問題。

⑺能設定較高的目標，且能利用各種途徑，尋求達到目標的方法，全力以赴，達成目標。

5.肯定認同

資優生對其所從事之學習或工作，必須能夠自行加以肯定和認同，才可能產生工作承諾。下列活動可供參考。

⑴讓資優生重視其學習工作，肯定其價值。例如音樂資優生能夠肯定音樂的價值，認同音樂家的貢獻，才能產生工作承諾的心向。

⑵使資優生相信其所學習或所從事的工作對自己潛能的發展有助益，未來對人類社會有積極性的貢獻。

⑶喜歡和相同資優者一同學習，一同工作，也喜歡結交相同資優的朋友。

⑷喜歡選擇相同資優的傑出人士做典範良師。

⑸不會對其資優特質有自我貶低的情形。

6.自決自信

工作承諾的資優生對學習工作較有信心，較能依據自我判斷做自我決定。下列活動可培養資優生自決、自信之心：

⑴對於生活上的安排，讓資優生有自我決定的機會，不要事事由父母做決定。

⑵教導兒童對於須做決定的事項，可先徵詢他人意見後自行做決定。

⑶在學習上讓學生有自我選擇的機會，教師應儘量尊重其選擇。

⑷相信學生的能力，讓他有獨立完成的機會。

7.專注投入，全力以赴

此為工作承諾者最主要的特質，具有這種特性的資優生，無論在學習上或工作上都能有很高的成就。

專注是一種注意力集中在某種刺激的狀態。當資優兒童在清醒的狀態下，許多視、聽、觸、味等感覺刺激都會進入他的感官之中，在他的腦海中形成了各種知覺、思維與意念。如果他不能包括專注，必然會三心二意，無法集中注意力去完成一件事情。培養資優生的專注力，就是教導他從許多刺激中選擇一件最相關、最有價值或最有興趣者加以接受處理，俟完成後再進行其他刺激的活動，例如甲、乙、丙三人同時和他講話，同時又響起電話鈴聲。他最好只選取一件加以反應，等處理完畢後再進行其他活動。

一般而言，感、心、言、和動四者有相互因素關係，當刺激來了就產生感覺（如看到有人打球），就會引起思維（如叫他不要打，以免妨害他人安寧），進而出言制止，如仍不聽，就過去相助；惟順序並非一定的，例如先想看風景才抬頭看風景，有時先摸摸看才產生觸感。不過，思維之速度快於言語，而言語又快於動作（如寫作），所以，言語和寫作常常趕不上思維。

培養專注力就是當您想說話時，想和說要相互配合，平時，先有思維隨之而說話，但是說話時，思維要回過頭來配合說話，才能專注的說話。否則雖不致語無倫次，也可能會語句或語意不相銜接，別人可能聽不懂他的意思。寫作時，常是先思而後寫了出來，也就是用筆把所想的寫下來。可是要想專注地寫，就必須讓思維的速度跟著寫作的速度走，否則會寫錯字或落字。至於體

會感覺時也應思維並用，才不致食不知味。

　　訓練專注力可以設計特殊課程，如劉秋燕所設計的培養工作承諾課程（見附錄），也可以在日常生活中或日常上課中來訓練。下列活動可供參考：

　　(1)晨跑時，能眼到、心到，動作也到。易言之，心中想著跑步，眼看著前方，切切實實地跑步。

　　(2)看報時，眼到、心到，眼看著新聞，心中想著新聞，不做他想。

　　(3)吃早餐時，眼睛看著食物，心中想吃什麼食物，手持著筷子就夾那種食物，不一邊吃一邊想別的事情。

　　(4)出門穿鞋時，先想好穿那雙鞋，眼看著那雙鞋，伸手拿來穿上，就不會拿錯，或左右鞋穿反了。

　　(5)出門騎車或是走路時，專心騎車或走路，不一邊走一邊唱歌或東張西望，以免踏入水坑之中。

　　(6)上課時專心聽課，耳到、眼到、心到。一旦心有二用，立刻召回，使能專一。

　　(7)做作業時，眼看著作業，讀出作業，想著解法，手跟著把解法寫下來，必要時也可以唸出來。

　　(8)睡覺時，集中注意在呼吸上，必要時也可以數羊的方式以求專注，使心、眼、耳、口均不起作用。

　　(9)下棋時，必須專心下棋，即使不如人也要專心為之。

　　(10)球賽時，要專心打球，不可邊打邊想著別的事情。要做到眼到、心到、手到而非口到。

　　(11)同時呈現給資優生不同刺激，讓他立刻選取其中一種，專

注的接受並給予反應。例如左右耳機各送進某種音樂或語言訊
息，要他專心選取其一而反應之。

⑿同時投給資優生數個球，讓他只選取其中之一接住，要反
投回去。

8.犧牲奉獻，不計名利

工作承諾的資優生往往不計名利得失，為理想而犧牲奉獻。
較不自私，富他利傾向。為使資優生能不「力惡其不出於身也，
不必為己」而有服務社會大眾的精神，應培養其能犧牲奉獻不計
名利。其方法如：

⑴多參觀孤兒院、養老院或拜訪慈善家及宗教家，了解善行
之可貴及為善最樂的道理。

⑵閱讀有關慈善事業，善行義舉，以及服務人羣的精神。

⑶安排參與服務社區，貢獻社會的機會。

⑷把自己用過而不再用的東西拿出來義賣，並捐款給慈善機
構。

多湖輝（1993）認為注意力不能集中可能有下列因素：⑴缺
乏動機，⑵環境影響，⑶焦慮不安，⑷疲勞。因此，要想使注意
力集中，可以針對上述四項，採取下列適當措施：

1.激發動機

⑴限定在期限內完成工作或課業學習。

⑵具體想像達成目標後的報酬：例如做完功課後可以看電
影。

⑶訂定明確的目標可以引發動機或意願。

⑷分段學習，由易而難，製造成功的經驗。

(5)先找有興趣的工作做，再在工作中培養興趣，以遊戲的心情來工作。

2.改變環境或提昇環境品質

(1)離開日常生活的空間，選擇可以集中注意的場所、時間和姿勢。

(2)使周圍環境單純化，以免分散注意力。

(3)在身邊放置標的物。例如網球選手可在身邊放一顆網球，使自己經常把注意力放在網球上。

(4)速度的聲響、光線和色調有助於集中注意力。過度安靜無聲或強光照明不利於注意力的集中。

(5)善用零碎時間。

3.消除不安，祛除疑慮

(1)將未完成的夢記在備忘錄上。

(2)暫時不要太在意人際關係，否則有時會焦慮不安。

(3)以不同的替換工作或改變預定表的順序來消除焦慮，藉以集中注意。

(4)嘗試採取習慣的方法可以消除不安的情緒。

(5)用白紙列入思考的事項或想做的事項，可以理出注意力不能集中的原因。

(6)「把話說出來」可以消除不安。無法集中注意力，不妨暫停工作，通盤檢討。

4.恢復疲勞

(1)適當的休息

(2)適當的運動

(3)做完高度注意力集中的工作後，應徹底休息或遊戲。

五、增進資優生了解機會與責任的真諦

㈠資優是一種機會

資優生必須了解其資賦優異係來自於多方面的綜合。首先是父母的優良遺傳，如果沒有父母親的好遺傳，則沒有資賦優異的根源，所以應讓資優生有感激父母之心。其次是父母及其周遭的重要他人給予適當的發展環境，使其先天稟賦得以順利成長，所以應該感激一切栽培他的人，包括兄長、親友、老師，以及其他關心他、協助他的人。再其次應該感謝孕育其成長的社會環境。除了人之外，環境變項也是資優生成長發展的關鍵因素，沒有適當的環境就無法培養天才。所以，就資優生而言，資優是來自於父母、教師、兄長、環境等的一種優異的成長機會，使其較其他兒童可以學得更快、學得更多、學得更好。所以應該具有心存感謝之心。

但是機會並不等於成功，端視能否把握，且能否善加利用而言。如果資優生不能把握父母所賦予的先天優異資質，對於教師的教導以及社會所給予的支持，則無法發揮其最大潛能而無法成為對社會有最大貢獻的人。因此，我們應設計課程，使資優生了解其資賦優異之所在，以及使其資賦優異發展之途徑，並且善用各種機會以發揮潛能，乃是資優教育的重要課題。

(二)資優也是一種責任

資優生從小就顯得較其他兒童優異,在功課上比其他同學好,在遊戲上常帶領遊伴,在競爭的活動中總是常勝將軍,在生活中總是領導者,易言之,常使其好勝爭強,卑視同儕,對其人格發展和社會適應甚為不利。資優教育工作者應讓資優生了解其資賦優異是眾人所賜(包括父母),在心存感謝之餘應知所回報,也就是他有責任運用其聰明才智學習更多的智能,然後研究開發更多有益人類社會的事物,一方面達到自我實現的目標,一方面可以貢獻社會、服務人羣。這種責任感的培養乃是資優教育的重要課程。下列活動可供參考:

1. 在閱讀活動中多選取社會貢獻者的資料,使資優者在閱讀中了解貢獻社會的意義和方式。

2. 在名人講座或專題講座中提出講座對社會貢獻的事件和心理感受,以激發見賢思齊之心。

3. 在人物專訪中可特別安排社會公益人物,慈善家及宗教家等,以了解其心路歷程,發展利他之心。

4. 安排社會服務的活動。美國許多資優教育計畫都安排有這類活動,每學期或每學年有若干時間實施社會服務,以養成其社會服務的習慣。

5. 安排擔任班級或社團的幹部,給予為他人服務的機會,訓練服務他人的方法或分擔責任的能力,享受服務他人的樂趣。

(三)機會與責任的相對性

　　資優給資優生更多學習、成長、發展的機會，所以可能會比其他兒童有更高的成就，但是，千萬不可使其驕矜自滿，自尊自大，應使其知所感恩、知所回饋。以其卓越之聰明才智和優異成就服千萬人之務，造千萬人之福。易言之，使其了解機會和責任的相對性，有更大的機會就應該有更大的責任。下列活動可以讓資優生了解機會和責任相對性的道理。

　　讓一小組資優生做一羣在沙漠中行走的旅行者，他們都迷了路，沒有一個人知道如何找到路，正在徬徨中，天空突然傳來神的聲音，告訴他們將會從天降下一粒仙丹，誰吃了之後便可以飛駛如電，可以探出正確的道路，但必須帶領他們走出沙漠，否則他的神力就會消失而再度迷路。說完之後，突然天上落下一粒仙丹，他們當中的一位得到了吃仙丹的機會，也負起了神所指導的責任，終於大家都脫險了。

　　其他如聰明但自私自利的小朋友的下場，樂於助人的資優生的好結果等故事或活動，都有助於培養資優生「機會與責任」的觀念。

六、培養主動學習的意願

　　資優兒童要想在未來漫長的人生旅途中成為一位成功的傑出貢獻者，必須養成主動學習的精神、態度和習慣。嗣後不論在學習上、研究上或工作上能積極主動，而其要點乃在有無積極主動的意願。

　　要培養資優兒童主動學習的意願，首先應使其認識自己的資

優並發掘其興趣之所在，再輔導其依據興趣進行研究，以發揮其最大潛能，進而培養積極進取的自我觀念。這種以學生為主的學習活動，讓學生對學習活動有機會作自我決定，他們才能知道自己需要什麼，才能主動去追尋。本階段的學習活動主要包括三大類。第一類屬於自己的興趣領域的學習內容，也就是所謂「興趣領域」，許多學生已確知自己的興趣領域，但可加以深入探討，以求充實。當然，仍有許多學生需經多方試探後才能了解自己的興趣領域，則可給予試探的機會。第二類屬於和自己的興趣領域有關的學習內容，也就是所謂「相關領域」。許多資優生由於太過分集中精力於自己的興趣領域，致忽視了相關領域的試探，以此為充實活動，可以擴充其學習領域。第三類屬於和自己的興趣無關的學習內容，稱為「新領域」，或「無關領域」。當學生在興趣領域和相關領域中進行學習活動時，不妨讓學生試探新的領域，也許經過試探之後，又可發現新的興趣領域。

　　本節安排(1)研討活動，(2)試探活動，(3)調查活動，(4)文化活動，(5)服務活動，(6)探索活動等課程，期資優生從活動認識自己，認識資優，發掘興趣和工作承諾的態度，以及積極進取的自我觀念。

㈠研討活動

　　資優教學可安排一連串的研討活動，例如名人主持的研討、專題研討等，都可以讓資優生把自己學習的心得經驗和他人分享，也可以分享他人的經驗。安排研討活動的主要目標如下：

　　(1)學生可以了解研討座談的基本架構。

(2)學生能夠規劃並執行研討座談活動。

(3)學生應能評估研討座談會的成效。

(4)學生願意主動參與研討座談。

(5)從研討中認識資優、發掘興趣、工作承諾和積極的自我觀念。

1.研討活動的過程

研討座談的人數不宜超過十名,從主題的選定,資料的數集,研討座談會的準備,會議的主持和進行,結論的決定對資優兒童而言都是一種很好的學習經驗。研討座談可分三部份:(1)引言,(2)討論,(3)結論或評論。

(1)準備工作

研討座談會的準備工作,可由教師指導學生來實施。將學生分成五至十人一組,分別收集資料,規劃研討座談會的活動。研討的主題可依學生之興趣區分為下列各類:

①未來性:針對未來的學習所需之各種知能、技術等。

②衝突性:選擇本質上衝突之事項為研討座談之主題,可以激發學生分析綜合,批判的思考能力。

③問題性:以當前社會所存在的問題為研討主題。

④興趣性:以學生的興趣事項為研討主題。

⑤知識性:以較高級知識為研討主題。許多資優生對較高層次之知識甚感興趣。此種安排,便於資優生從事較高層次知識之追求。

選定主題後,讓學生有一段收集資料的時間。

(2)研討座談

完成準備工作後，學生將計畫大綱送請教師指導，包括研討主題、時間、資源利用、成員、聽眾等。經教師同意後，可張貼佈告，邀請有興趣人士前來參加。研討座談會可由同學互推一人為主席，一人為記錄，必要時可邀請專家為講評人。研討座談會主要包括三大部份：

①事實的呈現：可由一人或數位同學為引言人，將調查研究所得的基本事實或訊息呈現給參加人員。呈現方式可包括講述以及各種媒體的運用。可供其他參加人員討論的基礎。

②研討：參加人員可就引言人所報告者以及其他與主題有關者提供意見或提出問題來研討，此時，主持人應利用各種方式激勵發言，同時引導研討方向和維持秩序，以利進行。

③結論：研討之後，可由主持人依據參加人員發言結果加以歸納做成結論，最後請教師講評。

研討活動的安排，可依不同學科領域分別進行。順序可依兒童所屬班級的課程內容而定，例如，當國語課中某教材對資優生甚有助益，且容易選取適當資料、書籍，或聘請適當人選，則該次研討內容以選取語文材料為宜。當然，有些語文課中仍不乏適當的科學或藝術教材，則可選取科學或藝術項目做為教學內容。

2.研討方式

研討活動可包括下列方式：

(1)邀請專家主持座談：依據各週進度，每二週邀請各類專家演講並主持座談。研討座談由資優兒童擔任主席，另推紀錄一位。專家演講後，由各資優生提出疑問或看法，如有不同的意見也可以提出，但應注意說話禮貌，最後由主席做歸納。教師在研

討座談進行中宜特別注意學生發言情形，從而逐漸發現學生不同的興趣。也可發給學生興趣調查表，以了解兒童興趣之差異。

(2)專書研讀並座談：配合課程的進行，每兩週選取相關書籍一本供學生研讀，於次週就該書研讀結果舉行座談。仍由兒童輪流擔任主席、記錄。兒童就研讀結果提出心得報告及獨特看法，教師從旁觀察其興趣之所在，以發掘學生興趣，便於進行輔導。

(3)名人或典範良師的訪問座談。資優兒童可依自己的興趣選定適當名人或典範良師加以訪問。訪問結果可在座談會中加以研討。主席及紀錄亦由資優兒童自行擔任。教師可從兒童選定的名人或良師，及其在座談中的發言可以了解其興趣傾向。

(4)搜集分類：每位學生發給一本資料夾。允許資優兒童搜集自己喜歡的材料並加以分類放置，經過若干時間之後，教師可以從兒童搜集的資料中了解其興趣。

(二)試探活動

每位兒童都有好奇心，資優生亦然。滿足其好奇心的最好方法就是安排情境，讓他去試探。本項活動可達到下列目標：

(1)學生具有自行選擇有意義之主題的能力。

(2)學生能完成團體與個別試探活動。

(3)學生能將所學及如何習得等事項向班上同學報告。

(4)從試探活動中可以激發資優生主動學習的動機。

1.團體試探活動

團體試探活動之目的，在協助學生體驗如何選題，如何試題或解題，以及如何將結果向該團體報告。然後以腦力激盪方式討

論此種試探活動之益處。

團體試探活動之前，學生應已相互了解，已習得應有之技能、觀念和態度，但已知自己的興趣領域。然後，團體共同決定擬試探之領域。其內容宜儘可能寬廣，以利各成員共同試探。例如「電腦科技」、「搖滾樂」、「今日世界」、「明日的生涯活動」等。

決定主題之後，各生以三天時間收集資料。然後，各人將所收集到的資料向團體提出報告，將各人所得之資料及資料來源表列出來，其目的在使學生了解從不同的來源收集資料的重要性。

2.個別試探活動

團體試探活動後，各生可以自行選擇一項主題進行個別試探活動。這個個別試探活動和「深度研究」很相似，只是在時間上、方法上、技能上不必那麼專精而已。

在教師輔導下，各生以五天的時間進行三到五項個別研討。重點在使學生試探各種不同的資料來源，而非要求得到結果。

最後，各生彼此交換個別試探之經驗，尤其是如何從不同來源得到資料的方法。也可將所得到的資料提供出來。

3.結束活動

透過上述的活動，學生可以試著接納團體試探和個別試探所得之資料和訊息，並使了解這種試探活動乃是培養學生成為一位主動學習者所必須。

(三)調查活動

資優生對於未知的問題都有想要去探求答案的強烈動機。調

查法是探求未知的一種方法，所以可以藉調查法來引起資優生主動學習的動機和意願。此外，調查活動可以讓資優生了解調查歷程，訓練其調查方法，並用以探求新知。

1.確定調查目的

進行調查活動之前應先確定調查目的，為配合本節之目的，調查活動可與資優概念、興趣能力、工作承諾和自我觀念相結合。

2.決定調查對象

不同的目的就會有不同的調查對象，教師應輔導資優生依據其調查目的，決定調查對象。

3.草擬調查計畫

學生先選定主題，再草擬調查活動計畫草案，送請教師指導。

調查計畫草案大綱如下，可供參考。

(1)主題名稱

(2)簡單說明

(3)調查目的

(4)調查活動

(5)調查時間

(6)人力物力資源

(7)預期成果

(8)展示對象

(9)評估活動

4.進行調查活動

各生完成調查計畫並經教師同意後，就可開始進行調查活動。在調查活動過程中，隨時可將計畫做必要的修改。每週應向教師報告調查的進度以及有關事項。調查活動完成後可向有關對象提出報告，惟宜在一週前宣布，以利適宜對象參加，參加的對象應包括其他教師、行政人員、父母及社會人士。

㈣文化活動

和生活有關的文化活動，常常是資優生所樂意參與的。例如音樂資優生非常願意參加音樂活動。其他如美術、舞蹈等資優生亦然。所以透過文化活動可以培養其主動學習的意願。此外，本活動應該讓資優生了解文化活動的意義，並能設計、參與、以及評估文化活動。

由於課業繁重，學生很難有機會了解社區的文化活動層面。文化活動可使學生了解社區內正在進行的各項活動。各生每學期至少應參加三項不同的文化活動。學生對文化活動應有事先的計畫和事後的摘要報告。文化活動包括參觀博物館、觀賞戲劇、音樂會、參加演講會，以及參觀其他名勝古蹟等。除參觀外，如能了解活動安排過程，對資優生更是有利。

各生完成三項不同文化活動，全體同學可以共同設計一項文化活動，以大家都能參加為原則。也可以餐會方式來結束，教師應盡可能參加。

㈤服務活動

許多資優兒童可以從為他人服務中得到回饋和樂趣。因此，

資優生更願意學習為人服務的知能。例如：衛生服務隊的資優生，為了提供社區環境上的服務，必須先行學習有關社區環境衛生的知能，因此，可藉服務活動培養資優生主動學習的意願，同時可以了解社區服務的觀念和樂於參與服務活動。

阮汝禮（Renzulli）以「對社會的長期貢獻」來界定資優兒童，因此，資優教育應強調其社會責任，服務人羣的觀念。也就是 國父所說的，聰明才智大者要服百萬人之務，這種服務的人生觀對資優兒童尤其重要。

1.人道主義

主動學習模式的重要理念之一，就是提供經驗，讓學生了解自己以及其與他人之關係。本單元之活動旨在協助學生了解人道主義與人道主義之行為。各生可找一位熱心公益，熱忱服務的善心人士（人道主義者），研究其想法、看法、做法，然後全體資優生交換研究結果，共同以腦力激盪術討論出資優者的共同特徵。並將善心人士之名單及其作為表列，做為以後教學活動之用。

2.實地服務

各生必須在一學期中從事二項實地服務活動。研究善心人士的活動結束後，各生可集體或個別設計實地服務計畫，服務時間小學至少廿小時，國中至少卅小時，高中至少四十小時。服務的方式包括老人服務、貧困服務、童軍服務、紅十字會服務等。服務計畫宜先送請教師同意。

本單元可以了解學生對服務的理念及其實地服務的成果做為結束活動。

㈥探索活動

探索活動也是滿足資優生好奇心的一種重要活動，其內容可包括試探活動、調查活動及文化活動。探索活動和試探活動不同之處，在於試探活動只限於某一課程領域，屬班級內活動。探索活動多為戶外活動，屬綜合性。本活動應能讓資優生自行設計探索活動，並能做好探索前之準備，探索中之安全與要領，以及探索完畢後之評估。

人類一邊回憶過去，一邊朝向未來。尤其在此知識爆炸的時代，未來的變動至鉅。雖然我們不知道未來如何，但是我們可以預測，而且可以相信，未來一定有些我們所想要的目的。如果我們所教給學生的都是我們所知道的，而且學生所學到的，也僅止於我們所學的，那麼，我們永遠不會進步，本單元的設計就是讓學生了解探索未來的重要性。

1.探索前之準備

有意參加探索活動之家長、教師和學生，在學期開始時便集會商討是否舉行或參加探索活動。本單元可讓學生有設計探索活動，參與探索活動，和活動後的整理工作等有意義的經驗。商討事項如下：

(1)是否舉行探索活動？

(2)目的何在？

(3)為什麼參加探索活動？

(4)從這次探索活動中可以得到什麼？

(5)探索活動之前後可以有哪些學習經驗？

　　本單元可以分成三部分。第一部分是準備工作。此時，學生
應先決定希望在探索活動中研究什麼？再決定何處可以從事這種
研究活動，要有哪些準備工作？由學生籌劃，教師從旁輔導。

2.探索活動之實施

　　準備工作完成之後，利用適當時間（如春假）進行探索活
動，家長、教師均可參加。活動進行中，由學生做必要的決定，
除非必要，教師不做干預。如遇危險情況，教師立刻接替領導責
任。

　　探索活動可包括地形、地質、地理環境、建築、文化設施等
各項活動，甚至了解大都市工商業活動情形，對資優生而言都很
有意義。

　　探索活動結束後，隨即召開檢討會，討論重點包括學術事項
與團體歷程，檢討結論對資優生未來之生涯探索甚有助益。

第 4 節　資優學生的審美課程

一、資優生需要審美課程

　　愛美是人類的天性，審美是人類的權利。不論是普通能力資
優學生或是藝術類科特殊才能學生，都需要有審美課程。

　　嬰兒剛出生不久，就喜歡看鮮豔的顏色，喜歡聽悅耳的音

樂。漸漸長大之後，更能夠分辨形體和構圖，甚至於符號和情操。

　　審美課程應自小學起開始實施，不論普通學生或資優生都能從審美課程獲益。在審美課程的實施中，藝術類科特殊才能優異的學生便會逐漸被發掘。

　　基本上，審美涉及美的價值判斷。由於普通能力資優生具有卓越的潛能，擁有較高的敏覺力和判斷力，較能培養獨特的審美觀。

　　審美課程對於藝術類科特殊才能的學生更是重要，不僅做為一般課程來實施，以培養其審美和鑑賞的能力和態度，更應該做為專門課程，以發揮其藝術才能，培養成為藝術專業人才和創作人才。

　　資優生的審美課程，應首先介紹藝術哲學。普通能力資優生了解了藝術哲學，可以指導其日常生活藝術，且和日常生活哲學相呼應或相印證。對藝術類科特殊才能學生而言，藝術哲學成為指導其藝術課程設計的重要依據。

二、普通能力資優學生的審美課程

　　普通能力資優學生常因其優異的學科成績，在資優教育計畫中常過度強調普通學科的學習而忽視了審美課程的學習。例如：數理資優的學生常只重數理科的學習而忽視文學、美術、音樂等課程。其實，不僅就課程設計的平衡原則而言，或是特殊能力的發展而言，為普通資優學生提供適當的審美課程有其必要。因為

普通資優學生中有不少對文學、美術、音樂等課程有特殊能力和興趣者,雖然不必和特殊才能資優學生一樣,培育其成為音樂家或藝術家,但是如不加以適當的教學,都會埋沒其天分,至為可惜。對於資優生的審美課程之提供,可從下列幾方面著手:

1. 重視欣賞教學:審美課程可以提供資優生良好的情操教育。因此,在實施審美課程時,加強鑑賞教學,以培養資優生對美的鑑賞能力,進而提昇其高尚情操,以發展其健全人格。

2. 認知、情意與技能三者宜兼顧。審美課程除可以達成情意目標外,仍有相當的認知和技能成分。例如樂理、色彩學等都可以成為普通能力資優學生在審美課程方面的認知教材。有些普通資優生具有相當的音樂或美術潛能,若能給予適當訓練其音樂或美術才能的機會,可以培養適當的藝術才能。所以審美課程的實施,宜認知、技能和情意三者並重。

3. 培養創造能力:資優學生不論是否有藝術天分,都可以從審美課程中學習創造技能。藉著藝術創作,可以培養資優生創造能力。易言之,以審美課程為手段,達成訓練創造能力之目的。

三、藝術才能資優學生的審美課程

藝術才能資優生的審美課程,除應努力達成三項目標外,尤應著重藝術才能的培養和藝術創作的訓練。如音樂資優生具有相當優異的音樂才能應予全力發展,而且可以加速進行。至於在美術、雕刻等方面,不同於音樂才能,但是仍可發展其美術才能。

藝術創作可以說是藝術教育的靈魂,藝術才能資優生的審美

課程應在這方面予以加強。

除一般教師在學校中的教學外，許多藝術資優學生可以在校外獲得很好的典範良師，若能長期從而學習之，則可以培養藝術資優生不僅有良好的藝術表現能力和水準，又可以從典範良師學到應有的藝術氣氛和人文精神。

第 **5** 節　*資優學生的社會技能課程*

一、社會技能課程的涵義

如本書第二章所述，資優兒童可以歸納為普通能力資優、特殊才能資優、創造力優異及社會能力資優等四類。例如：吉爾福特的行為內容向度，泰勒的溝通、做計畫和作決定的能力，以及嘉德納的自知知人等，都是社會能力的要項，其反映在領導才能的課程上，有其特殊的意義。領導訓練課程應包括人際技能課程、團體互動技能課程。

前述是指社會能力資優學生，透過人際技能的培養和團體的互動發展出領導能力，成為一位優秀的領導者。

社會技能課程對普通能力資優生和社會能力資優生都很重要。普通能力資優生常有人際關係的障礙及社會技巧笨拙的情形，普通能力資優生長大之後，常是社會中堅以上的幹部，必須

培養良好的社會技能，才能成功地領導部屬。至於社會能力資優者，更需要發展其在社會技能方面的優異潛能。

二、人際技能課程

人為社會動物，在生長發展過程中必須與他人接觸，因而形成所謂人際關係。良好的人際關係可以促進發展，增進學習效果，反之則對生長、發展和學習都有妨害。影響人際關係的因素很多，人際技能有無好壞是一個很重要的因素。好的人際技能可以增進人際關係。

資優生由於知能豐富，成熟較早，但心理成熟度不足，常有直言、苛刻的習性，導致人際關係的不佳。要使資優生有知心的玩伴，志同道合的同學，相互幫助的同事，以及圓滿的親子、手足和師生關係，甚至成功的生涯發展和領導事業，都需要學習良好的人際技能。

三、培養團體互動的技能課程

資優教育的實施，不僅在發展個人潛能，也應顧及社會效用的目的。所以必須培養資優生成為團體中一位優秀的，且具建設性的成員，因此，必須習慣於正常的團體互動情境。為達此目的，首先應讓資優生了解團體歷程的動力結構，且能應用於生活環境之中，以協助建立一個有活力、有功能的團體，且成為團體中一位積極主動的成員。

㈠團體的組成

資優教育為達到發展個人潛能和配合社會效用的雙重目的，資優生除個別研究外，應強調小團體的共同學習。小團體的成員不宜過多，以十名左右為宜，太多則不僅減少互動的機會，且可能減低團體的凝聚力。

資優生的小組團體，看似屬於同質團體，其實仍具有相當的異質性。善用其同質性和異質性有助於其學習和發展。

㈡打破界限

小團體組成之初，資優生彼此之間可能不認識或不熟悉。難免彼此缺乏信任感，不能坦誠相處。因此，必須打破界限以消除彼此隔閡。下列活動可供參考：

(1)全班資優生圍成一圓圈，教師加入其間，由教師向左提出一個問題，在左邊的同學可以回答，也可以放棄回答，然後他有權再向左邊的同學發問，如果繼續下去，每位同學都有發問或回答的機會，最後回答的一位就是教師。

2.教師提出第二個問題，左邊的第一位同學先回答（或放棄回答），然後再由左邊第二位同學回答（或放棄）直到最後一位同學回答為止。

(3)教師繼續發問，直到最後一位同學回答第一問題為止。然後教師要每位同學拿出一張紙，回答下列問題：

(1)您感覺如何？

(2)您對自己及其他同學認識有多少？

　　五至十分鐘之後，教師要各生分享其體驗（但不強迫），最後由一位同學歸納各生的體驗。

㈢個別晤談

　　資優生可從個別交互晤談進一步彼此了解。二位希望彼此了解的同學可以移動椅子，便於彼此交談。各生可以先準備發問的問題，以便在短時間內透過發問了解對方。第一位學生先問第二位學生，第二位學生可以回答，也可以不回答（如隱私問題等），一段時間之後，第一位同學可根據第二位同學的回答加以摘要綜合，第二位同學也可對摘要表示意見。然後由第二位同學向第一位同學發問，程序如前。個別晤談之後，每位資優生把另一位介紹給班上同學。教師宜參與活動。下列問題可供參考：

1. 您對您自己最喜歡的是什麼？
2. 您希望在哪一方面更好？
3. 您希望在哪一方面有所進步？
4. 您希望有什麼機會？
5. 您如何向他人示愛？
6. 您如何表達更多的愛意？
7. 您一生中有過非常成功的時候嗎？
8. 您願意在哪一方面與我分享嗎？
9. 您希望向我提出什麼問題嗎？

㈣郊遊

　　資優班可每學期郊遊一次。時間最好在週末，地點最好在郊

外的活動中心，一切活動宜由學生自行設計，教師加以輔導，其
目的如下：

1. 讓資優生體驗團體生活經驗，增加與同學互動的概念。

2. 設計適當活動，提供資優生自我覺知、自我了解及增長自
尊的概念。

3. 使資優生有參與團體活動的能力。活動的設計旨在使資優
生能以集體或小組的方式完成工作。許多團體性的活動都可以安
排。但下列活動必須安排：

(1)密友：本活動開始之前，每位學生發給一張紙，各生寫上
自己的名字後交給班長或領袖。班友將名單放在箱子裏，各人從
中取出一張，被抽到的就是他的密友。在整個活動過程中，他必
須善待密友。例如：端送茶水、體貼等，但以不使該密友容易看
出為原則。活動結束後，各提出密友名單。

(2)郵筒：每位同學準備一大信封，上面寫上自己的名字。然
後，可以姓的筆劃順序排列。其他同學可將心裏想說的話寫在白
紙上，投入該信封內，如此，便於彼此交談。

(3)才藝表演：郊遊活動如在外過夜，則可在晚上舉行才藝表
演晚會。惟應事前宣布（最好在一週前），以利準備。節目主持
人可徵求志願者服務，此種活動有助於優點的發掘及相互欣賞。

(4)自導自演：除上述活動外，許多其他活動可由學生自導自
演。以溝通技能及創造訓練影片之放映等，內容包括星象、生
態、考古等。

(5)傳送法杖：在猜完密友的遊戲之後，教師可準備一支小樹
枝做法杖，由教師或班上開始傳送，接到法杖者才有權講話，講

完後再繼續傳下去，最後輪到班長做結語後結束。

四、領導技能訓練課程

㈠資優生的領導才能

有史以來，人類非常有興趣研究政治上、經濟上、軍事上和社會上的領導人物及其領導行為。但是，從一九七二年馬爾蘭報告，將領導才能列為「資優」的一類後，資優教育界更重視資優生領導技能的訓練。所謂領導者不一定就是管理者，Burn（1978）認為領導技能，乃是在各領域中帶領人們向上至較高價值或自我實現的能力。資優者有其優異的資質，更具有訓練領導技能的可能性，故資優教育應包括領導訓練課程。其內涵首在訓練其成為領導者和被領導者，對於特殊具這種領導傾向和興趣者，可給予更密集、更精進的領導技能訓練。不過 Landsay（1979）認為領導訓練不同於領導教育，領導訓練強調領導技能的學習，領導教育則除領導技能外，強調道德、人性和智慧的層面，所以道德兩難的方法常用來做為領導教育的教材。領導訓練也許會培養一位作惡多端的領袖，但領導教育卻能培養一位帶領人類向上發展的領導者。

實施領導教育，首在發現領導者的特質，Wilder（1979）認為具領導潛能之資優生，其特質如下：(1)為同學所敬愛，(2)能影響他人朝向目標，(3)能掌握團體，(4)能判斷同學的能力及其在班級中的位置，(5)能指出錯處及改進之道，(6)常尋求想法和建議，

(7)同學常請他做決定，(8)敏知他人的需求且協助其完成，(8)常在許多活動中帶頭，(10)熱心參與活動，(11)當選幹部。

　　許多學者認為，只有領導特質仍不足成為有效能的領導者。下列領導技能可供參考：

1.認知方面

(1)指出錯處及解決之道。

(2)具抽象理念和廣大視野，能統觀全局。

(3)能完善計畫且貫徹執行。

(4)能預想未來的結果。

2.個人方面

(1)能估算決策、方向、建議及時機的適當性。

(2)能克服不愉快的情緒。

3.人際方面

(1)能傾聽，能察知他人的技能和能力。

(2)善於與人互動，且能察覺他人的信心。

(3)能察知且調整不快情緒，能說出團體的目標、問題、理念和興趣。

(4)易被領導。

(5)在團體中支持其他成員，接受責任、表現適當行為。

(6)能組成成員，帶領活動，分配任務和激勵士氣。

　　資優生在各行各業將是未來的領導人物，所以應加強領導教育。Karnet & Strong（1978）認為下列方法可以增進資優生的領導能力（溫怡梅，民76）：

1. 口頭上讚許兒童有關領導才能的特殊表現。

2.建立領導才能的行為模式。當介紹活動時，表現出熱心、積極、尊重別人意見的特質。

3.幫助兒童學習與他人合作，而不只是做個領導者。

4.鼓勵兒童多聽別人的意見和考慮別人的需求。

5.鼓勵兒童對別人的感受，敏銳觀察。

6.如果兒童設計一個活動，鼓勵他從頭做到尾。

7.鼓勵兒童思考新的方法，解決相同的問題。

8.鼓勵兒童多變通、多適應。

9.告訴兒童的家長，兒童具有領導才能。

㈡領導技能訓練課程

Linda（1980）認為領導技能訓練課程的設計，必需符合被訓練者的需要，包括認知、技巧和態度三方面，其要領如下（溫怡梅，民76）：

1.認知

(1)領導者的本質

(2)領導的型態

(3)領導者的歷史研究

(4)領導的理論

2.技巧

(1)擴散性思想

(2)組織

(3)問題解決

(4)共同領導

(5)溝通

(6)未來派的思考

(7)變通性

(8)做決定

3.態度

(1)自信

(2)對別人的敏感性

(3)社會／道德責任

(4)熱心

(5)責任感

溫怡梅（民76）綜合各家說法，設計領導才能訓練課程一共十八單元，親自在台北市指南國小加以實驗，頗具成效。其要點如下：(1)建立正向的自我觀念；(2)提昇創造力；(3)增進領導能力（包括①客觀公正，②了解他人，③意見溝通，④權力運用，⑤時間管理等）

盧台華（民76），利用報紙設計領導教育課程，頗具參考價值，茲節錄如下：

(一)認識領導者的特質

要評估一個成功的領導者，必須先深切了解各階段之領導者的特質與責任，同時亦需體認，如何扮演好一個「被領導者」的角色，以下係一些設計實例：

1.世界領袖

(1)在今天的報紙上，找出四則有關世界著名領袖的新聞，分別列出每位領袖的名字、國籍及領導角色。

(2)說明上述的領袖對他自己國家的重要性。

(3)在何種情況下，競爭世界領導地位是讓人羨慕且有利的？在何種情況下會變得有害且危險？請說出你的理由。

2. 國家領袖

(1)請從今天的報紙新聞中，列舉五位國內領導者的名字、頭銜、新聞發生的地點及內容。

(2)下面哪一類領導者出現在新聞中的次數較多？為什麼？①娛樂界②運動界③政治界。

(3)假如您想做一個國內領導者，你認為哪些課程能提供你幫助？為什麼？

3. 地方領袖

(1)在今天的報紙中找出三則有關你居住之城鎮中的人，被選為或指派為領導者的新聞，請列出其名字、頭銜，並說明為何被指派或選擇的。

(2)您認為領導者用選擇方式或指派方式有何不同及利弊？你較喜歡哪一種？

(3)為什麼報紙的地方版要報導一些有關地方官員執行公務時的情形，特別是在某些人不贊成該官員的做法時？

4. 如何領導部屬

(1)在今天的報紙上剪下五則提及領導者的新聞，列出這些領導者的名字及頭銜。

(2)從上五則新聞內容中，請找出做一個領導應具備的特質，並列出其中你認為最重要的三種。

5. 被領導者

(1)在今天的報紙上找出三則有關「被領導者」的新聞，估計一下每則新聞中被領導者的人數，並列出領導者的名字、頭衛及新聞的標題。

(2)就上列三則新聞中，逐一敘述「被領導者」對「領導者」的態度及他們之間的關係。

㈡認識公民責任和社會組織

一個成功的領導者必須要多方面的接觸與認識，尤以其本身是否爲一健全的公民爲根本，所以應加強學生對公民的職責與權利的了解，同時也應深入探究社會的結構及各階層的發展與需要，從而建立自己的價值體系。報紙在這一方面也有其莫大的功能，茲列舉數例以爲參考。

1.在今天的新聞中找出三個主題的世界問題，並列出對每一問題的妥善解決方案，請說明在執行方案時，必須靠哪些人及哪些行動的配合支持。

2.從今天的報紙上剪下一則有關政府官員談話的新聞，把他們說的話用引號括出，並說明係誰的發言及其發言的目的。

3.剪下報紙上有關會影響到人們投票的事件或問題，列出這些標題，並說明其可能對人們的態度與思想造成的影響程度。

4.在今天的紙上找出五則有關民意代表（立法委員、監察委員、國大代表、議員等）的新聞，請列出他們的名字、頭衛，並說明其上報之原因，同時選出其中跟你切身最有關係與影響力的一位。

5.在今天的報紙上找出五則有關政府機構的新聞，列出這些機構名稱及其被提及的原因，並說明這些新聞與民主的過程、原則與組織有何相關。

　　6.在今天的報紙上剪下二則提及法官、檢察官、律師等對某一案件所做的公正審判的新聞,並說明你認為公正的理由.

㈢英雄大會串

　　透過報紙實施領導教育後,可利用英雄大會串做為歸納活動,其要點如下:

　　1.讓每個學生談談他最欣賞的領導者(古今中外)?

　　2.說出他的年代、姓名、國籍、生平、事蹟…….

　　3.你最欣賞的特質是什麼?為什麼?

　　4.你和他有什麼相似或相異之處?

　　5.你體會到什麼?

　　Feldhusen, Hynes, & Richardson(1977)綜合許多領導技能訓練方案,提出下列訓練要項:

　　1.策略與實施領導行為活動.

　　2.熟習議事程序.

　　3.與團體共同研擬目標.

　　4.認識領導者的角色,並了解自己可能成為領導者.

　　5.分辨團體中不同領導者的不同角色.

　　6.培養團體領導的技巧.

　　7.了解團體成員的技巧.

　　8.培養團體凝聚力.

　　9.了解小組或委員會的組織和協調技巧.

　　10.溝通技巧.

　　11.了解團體內部運作和動力.

12.澄清領導的目標和結果。

第 *6* 節 統整性的資優教育課程

一、統整性資優教育課程的涵義

　　本章自第一節至第四節分別說明了各領域的資優課程。由於
資優生的不同資質、特性、能力、興趣、需求和風格，以及達成
目標之差異，加上專家學者的不同理論和主張，更由於實際工作
者的不同資優教育哲學，所以在施教過程中各有所偏。有些教師
比較偏重認知領域，因而強調思考技能的學習；有些則比較重視
情意領域，因此強調情意課程的實施；有些則比較著重社會領
域，因而強調領導課程的實施；更有些較重審美領域，因而注重
藝術課程的實施。

　　其實，資優生乃是一個完整的個體，應該以全人的觀點來設
計課程較為妥當。當然在實施時，無法籠統提供，為求學習方便
及效率起見，有時必須分科、分段、分領域實施，但在實施過程
中和實施之後，或在各領域之上，必須使產生有意義的關聯，一
方面注意縱的連貫，一方面重視橫的聯繫。因而有統整的概念和
綜合的效用。

　　圖 3-2 說明了此統整概念的資優教育課程架構。最下層為

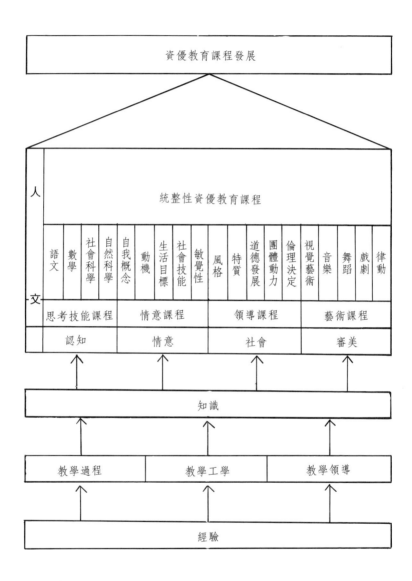

圖 3-3　統整性資優教育課程發展架構

各種學習經驗，資優生在各種生活情境和學習情境中都可能遭遇到。透過教學過程、教學工學和教學領導三根支柱而成為資優生的寶貴知識。當資優生滿懷知識而進入資優教育的大門時，可以從「認知」、「情意」、「社會」、和「審美」四扇大門進去。從「認知」門進入者接受較多的思考技能訓練課程；從「情意」門進入者將接受較多的情意教育課程，從「社會」門進入者可能接受較多的領導訓練課程，從「審美」門進入者就會接受較多的藝術課程。不過，當資優生從任何一個大門進入了大廳之後，必然會同時面對各門而來的空氣和陽光，他必須有意義地加以接受，無法抗拒。他必須接受認知門的語文、數學、自然科學和社會科學。也必須接受情意門的動機、自我概念、生活目標、社會技能和敏覺性的教學，更必須接受社會門的道德發展、團體能力、領導風格、領導特質和倫理決策之訓練，還有審美門的音樂、視覺和表演藝術等。最後必須統攝在人文課程之下，以培養堂堂正正的健全人格。能夠自尊尊人，重視人性尊嚴和價值，以發揮人類的最大潛能。這是統整性資優課程設計精神之所在，也是從事資優教育工作者實際從事教學時，所必須注意的要項，才不致有所偏頗，而失去均衡發展的機會。

二、資優生的人文課程

㈠人文課程的意義及其內涵

資優生只受專才訓練是不夠的，必須能夠了解真、善、美等

價值。否則跟訓練精良的狗沒有兩樣（Einstein），人文課程對資優生而言，正可以培養資優生的人文素養，成為身心均衡發展的健全國民。所謂「人文」（huminities），乃包含人類各種正式或非正式的行動，其創造的成果足以增進人類生活條件者。

Phenix（1964）將人類知識分成(1)符號的：如語言、數學等。(2)經驗的：如科學和心理學等抽象現象和人類行為等。(3)審美的：如音樂、美術等。(4)哲史的：包括歷史、宗教和哲學等。(5)倫理的：如道德等。(6)統觀的：注重人際知識。

Brandwein（1971）提出五項重要的人文精神：(1)真理，(2)審美，(3)正義，(4)仁愛，(5)真誠。

用以表達人文課程者如藝術、音樂、律動和舞蹈、戲劇、語言等。透過課程的統整組織可以獲得更高的價值。

人文課程對資優生之重要性：(1)注重知、情、意的平衡發展。(2)資優兒童善於理解事物間相互關係。人文課本質上是統整的，有助於資優學習。(3)協助資優生了解人類創造發明的力量。(4)敏於理解知識的產生與應用，(5)欣賞他人的創造力，(6)協助兒童自行發展理解知識的系統。

㈡資優人文課程的編排

(1)依年代順序研究過去人類的貢獻。

(2)以當代社會為重點，研究人類今後何去何從？

(3)以普遍理念或原理為重點，研究不同國家的不同價值觀或理念。

(4)以人文科目的共同要素為重點，研究文學、藝術和音樂中

所隱含的人文精神。

以上述方式編組資優人文課程時，應把握下列特點：

(1)價值導向：探討人類對社會之貢獻。

(2)科際整合：整合歷史、文藝、藝術、哲學等學門。

(3)主題呈現：將上述各學門整合成各個主題，呈現給學習者。如：變遷等。

(4)學生中心：師生共同學習，但其結果應由學生來承擔。

(5)智性活動：追求智識、真理、美與善等。

(6)創造本位：學生透過智情的學習活動，可以歸納而成新的知識。

有人認為國小階段的兒童尚未達到形式操作期，似不宜施予人文課程，其實不然。國小資優兒童已具有概念聯合的能力，若能配合課程實施，也可以達成人文教育的目的。

人文課程是屬於概念本位的課程組織。討論文學、藝術、數學和社會科學上的主要觀念、問題、主題。下表說明主要概念如何在各學科領域中實施。

主要概念	語　文	社　會	數　學	科　學
變　遷	①兒童文學中季節的變遷	①文明的進步 ②都市的成長	①代表變遷的圖表	①物理變化和化學變化之差異
推　理	①事實與虛構之不同	①批判性思考	①預測和可能率	①科學推理
符　號	①標點	①各文化的不同表現	①數學符號	①科學符號

㈢資優人文課程舉隅

1.課程目標

⑴使學生了解對知識的追求是自然的，無止境的。

⑵使學生了解藝術、科學、知識、美、真理的概念。

⑶使學生了解個人如何在他自己的文化中生活。

2.教學目標

⑴資優生能夠比較個人在社會中的不同角色。

⑵使資優生了解知識、藝術和文學的各方面。

⑶使資優生發展藝術的欣賞能力和態度。

⑷使資優生了解藝術在科技世界中的角色。

3.課程內容

⑴個人價值的檢驗

A. 個人和經驗

①何謂價值？

②經驗在價值形成過程中居何種角色？

③造成價值改變之因素為何？

B. 個人和知識

①知識和經驗的關係為何？

②實驗經驗是否即為最佳知識。

③知識使人獲得快樂嗎？

C. 知識和智慧

①知識和智慧有關嗎？

②知識和智慧何者為先？

③當個人的知識和智慧增長之後，其價值會改變嗎？

(2)個人理念的檢驗

A. 哲學的討論

①基本哲學觀念：

a. 何謂哲學？

b. 如何區別東西哲學？

c. 哲學的普遍性為何？

B. 理念的討論

①科學的本質

a. 科學是什麼？

b. 藝術和科學有何異同？

c. 獨偏藝術或科學任何一方有何危險？

②科學與知識

a. 科學與知識有何關係？

b. 科學知識和科技是否相同？

c. 人控科技或科技控人？

③藝術的本質

a. 何謂藝術？

b. 如何區別好藝術、壞藝術和非藝術？

c. 東西藝術有何差異？

④藝術和知識

a. 藝術和知識有何關係？

b. 人類需要知道和需要表達的是否相同？

⑤品質

　　a. 生活品質為何？藝術品質為何？

　　b. 人人都認識品質嗎？

(3)個人在社會中的角色

①自主的人

　　a. 人是社會動物嗎？

　　b. 人何以要和多數人相一致？

　　c. 社會價值如何產生？如何影響個人？

　　d. 除社會外，何者可以激勵人類？

②個人為社會的成員

　　a. 個人希望貢獻社會是天經地義的事嗎？

　　b. 人是他所處社會的產物嗎？

　　c. 人為何保證社會的生存？

　　d. 社會中的個人會有哪些衝突？

　　此種課程設計整合了藝術、科學、哲學、社會和語文，對資優兒童的學習頗為適合。茲再舉另一例說明之。

概念教學——全球觀

㈠主題：權利衝突

㈡教學重點：

1. 概念教學

(1)學生比較生活中的各種衝突，如與父母、師長、同學、成人的衝突等。

(2)軍事衝突：

①現代：納粹入侵歐洲、韓戰、蘇俄入侵匈牙利和捷克、日俄戰爭、

第一、二次世界大戰等。

②過去：中、外古代戰爭。

③從過去和現代的軍事衝突中，分析原因、影響和關係，進而形成軍事衝突的概念，以發現原因和類型等。

2.概念類化：從軍事衝突的觀察，找出全球權利衝突的原因和類型。

(1)原因：人口過多、價值衝突、軍國主義、自我保護、權利平衡、經濟和其他。

(2)類型：軍事征服、革命、內戰、妥協、消極抵抗等。

3.個案研究：依前項原因和類型，研討古今權利衝突。

4.概念分析：依前述結果，分析權利衝突之過去、現在和未來，並試做歸納。

在人文課程教學過程中，不僅課程應具統合性，資優生也應以不同的眼光來看這個世界。在過去的教育過程中，兒童學習了二分法的道德觀：對與錯。在人文課程中兒童將從二分法的看法發展出相對的看法，其發展階段如下：

1.二分法：對與錯、黑與白。

2.多分法：尚有其他觀點。

3.次相對論：有些真理常依各人及情境而定。

4.相對論：所有真理都依情境和各人的看法而定。

實施人文課程可能會遭遇到下列問題：(1)課程必須重新設計，由分科教學走向統整的課程設計。(2)教師必須有足夠的能力。(3)上課課程表必須重新安排。(4)給分的方式必須重新考慮。(5)教師的共識不易凝聚。(6)教師必須通才。(7)學生必須博覽群書

或知識廣博。

綜言之,資優生的人文課程,應該是一種綜合性的課程。將各學科各學門的知識綜合在一個教學主題之下。使學生了解問題的相關性和多樣性。其主要特性為(1)價值導向,(2)科際整合,(3)主題呈現,(4)學生中心,(5)智育教學,(6)創意活動。這種課程如安排妥當,可在各年級階段實施之。其實施方式可採用年段制、研習方式、特別課程、哲學或獨立單元。

三、資優者生涯發展課程

㈠資優生生涯發展的涵義

傳統上,教育重視文化資產的傳承,隨時代的轉變和社會的進步,傳統教育內容已經不足以滿足生活和就業的需求,因此,生涯教育的觀念開始受到重視。一九七一年美國教育署長 Maryland 遂提出了「生涯發展、態度、價值判斷等應融入教育體系之中」的主張,一九七二年馬利蘭大學舉辦「資優者和特殊才能者生涯教育研討會」,資優者的生涯教育遂受到相當的重視與肯定。

Super(1976)認為生涯是生活中各種事件的總稱,它給了人一生中各種職業和生活的角色,表露出個人獨特的自我發展期望組型,也是一生中所有有酬和無酬職位的總合,甚至於包括副業、家庭和公民的角色,使社會價值融入自身的價值體系之中,以獲得有意義的而滿意的工作生活。

對於資賦優異者的定義，既然界定「對社會有長期性貢獻者」，其社會生活和就業生活必然多采多姿。由於其卓越的學術成就和崇高的社會地位，將受邀從事許多有酬或無酬的社會工作，扮演各種不同的角色。若能將生涯發展的輔導融入資優教育課程中，使社會價值體系和自身的價值體系相融合，將更能使資優者達到自我實現的境界，增進其對社會人類的服務和貢獻。因此，資優教育課程應包括職業技能、工作態度、人際關係、生活藝術和價值體系等。

㈡資優者生涯發展的需求

由於資優者的優異潛能和特殊的學習特性，其在生涯發展上可能具有下列特殊需求（Kerr, 1981）：

1.因卓越和多方面的潛能所引起的需求：資優者具有優異的潛能和多方面的興趣，所以容易分心，必須使其集中精力於比較重要和主要的生涯活動和生活組型。

2.因期望過高所造成的心理需求：資優生總被父母、教師或社會人士期望成為高社經地位者，如醫生、律師、工程師、經理或教授等，以致在生涯發展的類別受到限制。

3.視事業為一種生活方式的需求：資優者常常把事業視同生活方式的一部份。所以在選擇職業時，同時也會考慮生活方式的適切性。因此，其考慮層面不限於經濟和物質層面，而是遍及哲學、社會和個人的價值體系與生活目標。

4.因生涯投資觀念所引起的需求：資優者較一般人接受更高的教育訓練後才開始就業，在其生涯參與前，須有較長期的，大

量的時間和經濟資源的生涯投資，一旦決定，較不易做生涯調整和改變。

Clark（1978）認為資優者的生涯教育應包括下列重點：

1. 提供工作世界的訊息與經驗給每一位資優者，使從國小開始便能有所接觸，以至正式進入工作世界。

2. 提供職業技巧及相信知識和技能的學習。

3. 發展有利於個人工作職責的正確態度。

4. 發展個人的人際技巧、價值觀念及溝通和做決定的技巧。

5. 瞭解工作市場之消費者的相關問題與消費者權益。

6. 將學習活動和個人的生涯準備相結合。

Perrone（1979）認為資優生在生涯發展過程中應注意下列各點：

1. 讓資優生了解自己的能力和限制，了解自己的資優特質，並非想做什麼都可以成功。

2. 建立自己的價值體系，而非一味地認同他人（認同對象）的價值體系。

3. 延宕生涯決定：多做生涯試探，勿因一時功課優異而做生涯選擇。提供較多的課外經驗，以為生涯抉擇和生涯決定之參考。

4. 調整心態，不因資優生而驕，以正常心態和他人交往，他人也應以平常心對待他。

5. 應付他人的過高期望，不致害怕失敗而產生逃避心理。

6. 重視性別角色對資優者生涯抉擇的影響，尤其女性資優者，在婚姻與事業方面的兩難困境，應為輔導的重點。

㈢資優者生涯發展階段

綜合各家說法，資優者生涯發展可以分成下列六個階段：

1.生涯覺知

從國小開始，讓資優生了解工作和生活的關係，社會分工的情形，和人類社會的各種工作、職位與角色，強調一般常識、工作態度和自我認識。認識工作的種類、工作的內容、工作的理由，以及生涯發展的自身特質、需求間的關係，並建立正向積極的自我觀念。

2.生涯試探

生涯覺知之後，資優生已了解生涯的內涵和工作、角色的類別，同時也已具備正確的工作態度，並了解自己的能力和需求，便可進一步做生涯試探。學生應安排讓資優生有機會去接觸各行業、公益事業及其相關人士，以增長其生活體驗，了解各行業或事業所需之技能和要求，試著扮演各種生活和工作角色，使資優生從探索中逐漸成長。

3.生涯抉擇

透過生涯試探，資優者已明瞭各種工作的性質及其必備之能力和態度，教師便可協助資優者依據個人的能力和興趣做生涯抉擇。當然，生涯抉擇並不是要資優生立刻做決定，可和生涯試探同時進行。延宕生涯抉擇的時間，以培養更成熟的生涯決定。

4.生涯準備

資優生經過生涯試探而做出暫時性的生涯抉擇後，便可依生涯抉擇所做的決定從事生涯準備。此時，資優者已了解某種工作

所需的能力和態度，在未來學習過程中便可做充分的準備，規劃工作必備知能，以利日後正式從事生涯活動時可以得心應手。

5.生涯參與

資優生的學習生涯告一段落後便開始實際參與生涯活動。有了良好生涯準備，資優生便較能成功從事生涯活動，過獨立自主的成人生活。此階段可以包括「生涯安置」和「生涯進展」，含職業的安置、家庭生活、善用閒暇時間和社區生活的參與等。

6.生涯調整

一般而言，資優生由於生涯參與較慢，所以生涯安置較為穩定，不像一般人常有改變的情形。不過，也不是完全沒有改變的可能。資優生由於興趣的改變，工作環境的變異，可能必須重新選擇其他工作，或在原來工作之外，加入其他工作，因此，必須另做生涯調整。如果前階段的生涯試探做得好，生涯調整並不難。

(四)資優生生涯發展課程

由於資優生具有多方面的能力和興趣，性別角色差異的困擾、視事業為自我表現的一種方式，以及較不高的自我觀念，資優者生涯發展課程應涵蓋下列主題：(1)生涯抉擇和做決定能力的發展、正向和積極自我觀念的提昇，個人價值體系的建立和對外界變遷的因素等等。其要點如下：

1.提供生涯訊息課程

和資優生研討有關生涯活動的行為、特定條件和相關知識，提供生涯訊息的書面、視聽資料，幫助資優者做生涯規劃。

2.安排典範良師

社區內某些傑出的專業人士足為資優生之楷模者,可以安排做為資優生的典範良師,不僅在專業上可供資優生學習,在言行舉止、做人做事方面也可以做為資優生的榜樣。尤其當其經由生涯抉擇而有所決定之後,可以和典範良師共同進行生涯計畫,甚至於共同參與生涯活動。

3.小團體輔導

以小型團體的方式進行生涯輔導。參與成員共同討論在生涯發展過程中所遭遇的困難和問題,以及應付困難的途徑。使資優生能夠了解自己、接納自己,並增進問題解決之能力,透過與他人的交換經驗,增進生涯發展的自我負責態度。

4.利用社會劇實施生涯輔導

生涯發展過程中,隨時發生一些衝突或不適的問題,可以透過社會劇,結合角色扮演、創造性問題解決和生涯教育實施生涯輔導。以生涯發展的問題為主題,編排社會劇,演出後再共同討論,將有助於資優生對生涯發展問題的體認。且可以澄清問題的性質並找出解決問題的途徑。同時,對於資優生的社會情緒的發展和人際技能的學習都有助益。

5.輔導女性資優者的角色衝突

女性資優者常有家庭與事業的角色衝突,須有效地給予適當輔導,才能兼顧二者並重發展。其要點:(1)找工作的技巧,(2)自我概念的澄清,(3)提供家庭主婦和事業雙重角色衝突的處理策略,(4)實施自我肯定訓練,(5)創造生活獨立的價值觀,(6)培養創造性的生活型態,(7)調整性別角色期待。

6.規劃生涯發展方案

教育界須與社會各界合作來推展生涯發展方案，尤其工商界更能夠提供較多的機會。對於工商企業有興趣的學生，可以透過建教合作、專題研討、良師指導、實習操作等試探各種生涯活動。

四、小組探討式合作學習課程

㈠資優生需要合作學習

由於資優生具有優異的潛能，所以常常成為團體中的領導者，較不易和同儕合作，接受領導。又由於在資優教學過程中大多強調獨立學習，致較缺乏在團體中與人合作的社會技巧（Lum, 1988；Hollingworth, 1942）。若不能善加輔導，其人際關係、合作態度和服務精神將難於發展，甚至成為團體中不受歡迎的人，對其一生影響至大且鉅。資優教育工作者應針對這些問題，設計合作的課程，提供適當的輔導，除重視資優生的獨立學習外，更應強調小組的合作學習技巧和態度，才能培養好的領導者智能，和諧的人際關係，以及成功的合作技巧。在良性互動中分享學習經驗，增進人際技能，發展個人潛能，以為服務社會，造福人羣奠定良好基礎。

㈡合作學習課程的要項

編排合作學習課程應注意下列要項（Johnson & Johnson,

1989）：

1.培養資優生積極相互依賴的認知和態度

讓資優生了解你需要別人的幫助，別人也需要你的幫助，你肯幫助他人，他人也會幫助你。彼此應該相互支持，分享經驗。

(1)相互得利：相信助人可以利己。

(2)共同命運：同一小組之成員應有生命共同體之觀念。

(3)互為因果：助人者人恆助之，害人者必自食惡果。

(4)團體認同：認同所屬的小組團體。

(5)有福同享：尊重並欣賞小組成員的優點與成就，互相分享成功的喜悅。

2.面對面的互動

在小組合作進行學習時，應善用各種面對面的互動型態和語言系統，增進互動機會，相互支持、鼓勵和讚美。互助的過程包括問題解決、討論概念、技能教導和學習結果的推論等。

3.強調個別績效和個人責任

小組合作學習，除重視小組成就外，也應重視個別績效和個人對小組團體的責任，其方式如下：

(1)評估每一位成員對小組團體的貢獻。

(2)同時提供給小組團體和個別學生必要的回饋。

(3)使資優生了解每一位對小組學習的結果都有責任。

(4)避免小組成員無效的努力。

4.訓練人際和小團體的技巧

(1)讓資優生互相了解、彼此信任。

(2)小組成員彼此正確且明白地溝通。

(3)彼此互相接受和支持。

(4)培養建設性解決衝突的能力。

5.重視團體歷程

(1)使小組能夠維持良好的工作關係。

(2)容易學到合作技巧。

(3)使資優生在團體歷程中獲得回饋。

(4)獎勵小組團體的成功，並增強成員的積極行為。

6.其他

(1)強調工作和關係的維繫。

(2)正確地教導社會技巧。

(3)教師的觀察與介入。

(4)分組領導責任。

(三)小組合作課程實施程序

鄭月嬌（民 83）歸納許多學者的看法，提出下列六個階段的實施程序（參見附錄三）

階段一：界定研究主題並組織研究小組

步驟一：教師首先介紹一個較完整的主題觀念，這個主題可以是課程的一部分或是學生共同感興趣的主題。教師必須將主題以問題方式呈現，主要有兩個目的：

1.幫助學生界定要探究的主題範圍。

2.安排探究的方向。

步驟二：學生必須選擇不同的研究次主題。

可依下列幾種方式來進行：

1.每個學生提出他們自己喜歡探究的問題，教師標示出來。

2.學生組成四或五個人的小組，每個小組成員表達自己的觀點，並記錄這些意見，報告給全班。

3.每個人寫下自己要探討的主題，而後兩人一組比較他們的意見，之後4人一組到8人一組，逐次刪去重複的部分，把最後的次主題，呈現給有興趣的參與者。

步驟三：教師把這些可行的建議公布給全班。

步驟四：把每一個問題歸納到不同的項目上，這些項目再以次主題方式分配給各研究小組。

步驟五：呈現這些主題的名稱給全班，每個人選擇他要參加的次主題，教師可限制每組的人數，若某一次主題參加者較踴躍，則可分為兩個或更多的小組。

階段二：計畫小組的研究工作

選擇相同主題者，針對他們所選擇的次主題，一起形成可研究的問題，並計畫他們的研究活動，小組成員必須決定如何進行，需要哪些有關的資料，教師應設法消除小組不愉快的氣氛，並且幫助他們形成確實的計畫。小組經過討論後，藉由意見的交換，澄清他們所要研究的內容，確定研究方向後，寫下各組的工作單：包括研究主題，團體成員，角色分配及所要探討的問題，所使用的資源。

階段三：進行研究

在這個階段，每個小組根據階段二的計畫進行研究，小組成員蒐集、分析、評鑑資料獲得暫時性的結論，將個人所獲的知識與他人分享，來解決小組的問題。這階段強調小組成員分工進

行，並多方面討論分享以發現新的問題。

階段四：準備最後的報告

這是一個很重要的組織階段，小組必須將蒐集到的零散資料統整成有意義的結果。在這研究結論的最後階段，教師要求小組組成指導委員會，由每一小組派一名參加，這個委員會根據六項來檢視小組的計畫。

1. 是否強調主要的概念和研究的結論。

2. 是否報告資料來源及如何取到資訊。

3. 是否準備問題和答案。

4. 是否儘可能使所有同學能夠有自己擔任的角色。

5. 是否確認每位在團體中擔任角色和重要性。

6. 確定所有需要的工具和資料。

階段五：呈現最後的報告

每個小組準備對全班呈現最後的報告，在這個階段小組必須考慮下列幾點以利報告的進行：

1. 言詞必須清楚簡明不宜過長。

2. 使用黑板解釋概念。

3. 使用視聽器材。

4. 必要的話，可以舉行正式的辯論。

5. 其他同學可以提問，以增加聽眾的興趣。

6. 報告時，可利用圖書、相片或其他媒體輔助呈現。

階段六：評鑑

在這個階段，教師強調對於他們所研究的主題作高層次學習的評估，如應用、分析、推理和判斷及應用所學的知識去解決新

的問題，並評量情意的經驗，包括動機和投入的程度。儘可能由
同學和教師共同編擬不同形式的評鑑方式。

第 四 章

資優教學

⊙資優教學的理念與原則

⊙資優教學模式

⊙資優教學策略

⊙資優教學方案設計

第 *1* 節　*資優教學的理念與原則*

一、基本理念架構

　　資優教學乃是參照資優生的優異潛能，透過課程的安排，教材的提供和教學的實施，期有獨特的產出（如圖 4-1）。為達此目的，許多資優教育學家曾提出各種不同教學模式，可供教師參

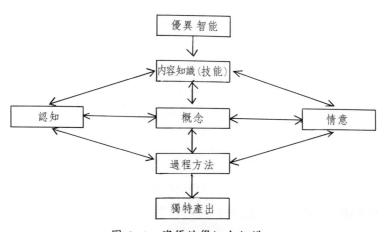

圖 4-1　資優教學概念架構

採。各種教學模式有其特殊目的、功能和運作方式，惟分析言之，大可分成「認知──情意」向度和「知識──方法」向度，

而都以強調概念學習為中心，達成「優異潛能——運作——獨特產出」的模式。茲分述如下：

㈠「認知——情意」向度

資優教育始之於認知向度的覺知、探究與發展。早在希臘三傑時代，就希望從認知的向度來窺測資優者種種問題。晚近的高登、比納、西蒙、推孟、斯比爾門、塞斯通，甚至近如皮亞傑和吉爾福特等，也都以資優生的認知向度為重點。不過，最近的學者逐漸發現情意向度在資優教育上的重要性。例如阮汝禮、泰勒、嘉德納和克拉克等都認為情意向度才是關鍵之所在，資優生潛能之發揮，認知過程之完成，認知結果之表現，都有賴於資優生是否有完成之意願。

㈡「內容知識——過程方法」向度

資優教育也和普通教育一樣，過去一向重視內容知識的教學。近年來，「學習如何學習」已成為教育思想的主流，所以資優教育也趨向於學習方法和過程技能的強調。蓋資優生固然可以很快吸收內容知識，但是如果不能加以類化、應用，則其效用相當有限。尤其在此知識爆炸時代，知識內容變化迅速，今天認為是正確的，明天可能被推翻，所以，與其給資優生一條魚，不如教他釣魚的方法。資優生學會學習方法和過程技能後，較能類化至其他相關領域的學習。當然，內容知識仍有其價值，所以學習內容知識仍有其必要性。比較持平的看法是：以內容知識為基礎來學習方法和過程技能，同時以方法技能來學習內容知識，二者

相輔相成，才能發揮最大的課程功能。

㈢概念中心

不論是「知識——方法」向度或是「認知——情意」向度都應該以概念學習為中心。蓋資優生的抽象思考能力優異，故不論是知識、方法、認知、情意等都以概念的層次出現，以利資優生學習。

㈣交互作用

以上二個向度上的變項仍互有關聯性。認知的學習包括知識、概念和方法技能。而情意的教育也可藉助於知識、概念和方法技能。從另一個角度來看，內容知識的學習，有賴認知和情意的配合；方法技能的學習也須藉助於認知和情意的強化。

㈤「優異知能——運作——獨特產出」模式

資優生有優異的潛能，能否產出卓越、獨特的結果，端視教學的運作而定。包括課程的安排、教材教具的提供、教學資源的運用和教學活動的進行，以及教學評量的實施等。許多資優教育學家對於資優教育各有不同的理念，因而設計各種不同的教學模式，已在本章第二節分別加以介紹。

二、資優教學原則

基本上資優兒童也是一位兒童，所以一般教學原則仍然適用

於資優教學。當然，在某些情境下，有些教學原則可能要加以強調或修正，使符合資優生的實際要求。不過，資優生的學習特性和需求仍然有其異於普通兒童者，故有些教學原則必須特別提出，以滿足資優生的獨特需求。

㈠教學目標宜具體而統整

許多資優教師採用行為目標的方法來敘寫教學目標，有其具體易評的優點，對年級較低的資優生教學也許尚可適用，對高年級以上的資優生教學可能失之偏頗。資優生對於學習結果具有統整的能力，所以，對於資優教學的目標提出，應力求統整。誠然，統整並非籠統，而應是具體明確。不宜提供片斷零碎的知識，而是具體統整的概念。

㈡針對資優生的特性

資優生仍存在著相當大的個別差異，有些長於語文、有些長於數理、有些長於藝能、有些長於社交。學習風格、興趣嗜好、家庭背景、動機性向各有不同，教學時須根據學生特性設計適當教學方案施教。

㈢發揮潛能

資優生在某方面或數方面具有優異的潛能，必須予以最大發展。若在普通班上課，則允許其獨立作業；若在特殊班或資源班上課，則可採小組方式進行，使共同激盪，發揮潛能。

㈣設定較高的期望水準

許多研究證明學生的學習成就和重要他人的期望水準有關。若欲使其發揮潛能，必須設定較高的期望水準。當然這種期望水準仍應在其能力所能達成的範圍之內，否則將打擊其興趣。

㈤提供高層思考的教材

資優生必須很快精熟普通教材。教師若為使其與其他同學同步而反覆練習這些普通教材，將使其失去興趣。教師必須設法提供不同於普通班的高層思考教材，才能滿足其學習動機。

㈥重視系統學習

資優生固然有較高的學習能力，但是，若能將教材善加組織，幫助其系統學習，效果將更好。

㈦給予獨立完成作業的機會

一般而言，資優生有較高的學習動機，有獨特的想法，願意從事獨立學習。教師不必事事要求依據設計進行，也不必一定會依教師指示進行學習活動，鼓勵資優生依據學習目標，獨立設計學習進程，獨立完成學習作業。

㈧鼓勵小組合作學習

資優生較傾向於獨立學習。但是，資優生將來要想成為領導人才，必須能夠和他人合作，況且腦力激盪的結果將優於個人的

學習效果。因此，教學時應多採取小組合作和獨立學習並用的方式，使資優生從合作學習中培養和他人相處的切磋能力。

㈨活用教學模式

本書介紹了二十二種教學模式，各有其特點與功用。教師若能熟悉了解，靈活運用，或單獨採用，或綜合使用，必能有效進行資優教學。

第 2 節　資優教學模式

一、數學資優教育模式（SMPY Model）

㈠模式簡介

數學資優教育研究模式（the Study of Mathematically Precocious Youth，簡稱 SMPY）。係史坦利（J. C. Stanley）於一九七一年在約翰霍布金斯大學（The Johns Hopkins University）創立的，旨在研究數學資優學生的培養問題。所謂數學資優生是指早年在大學學術性向測驗的數學推理得分特別優異的學生，而非計算能力優異或數學概念得分高的學生。在一九七二年和一九七九年之間對美國太平洋中區 9,927 位國中生，實施

SAT－M（數學）和 SAT－U（語文）找出最優 2%～5%（每年不同）的數學推理能力資優生，Ben Dow（1978）發現這些學生有特別的認知能力和優異的科學和數學知能。其語文能力雖不如數學能力優異，但仍然相當不錯。

本教學模式主要包括四項工作：(1)發現（discovery）：發現數學資優兒童；(2)描述（description）：對發現的數學資優生就認知和情意領域再施測；(3)發展（development）：對數學資優生繼續加以培育、增長和鼓勵；(4)傳播（dissemination）：將研究結果傳播出去。故此方案簡稱 MT：D^4。

本方案採加速制，其原則有三：(1)學習依一定順序發展；(2)各生可有不同的學習速度；(3)學習能力和知識內容相配合。

㈡教學方案

本模式採取各種不同教學方案

1. 除中學課程外，都可利用夜間或寒暑假選讀一些適合程度的大學課程。

2. 透過測驗免修國中數學。

3. 接受大學的空中教學。

4. 加速學習。

5. 縮短修業年限：例如將四年的數學在三年內修完。

6. 提早入大學。

7. 跟從典範良師學習。

8. 大學提供早修方案。

9. 允許資優生選讀適合其能力之教材。

10.同意資優生以選讀大學課程來代替中學數學。

11.數學加速班。

12.加速學習自然課程。

㈢教學方法

本模式係採診斷─處方教學法（Diagnostic Testing Prescriptive Instruction，簡稱 DT-PI 模式。其步驟如下：

1. 評估資優生能力水準，施予適合能力之診斷測驗，以發現其起點行為。

2. 進一步評估數學知識背景。其要點包括：

⑴鼓勵學生對會做的題目儘量詳答，放棄不會做的題目，不要浪費時間。

⑵要求學生對不確定的題目打問號。

⑶在時間過了一半和尚餘五分鐘時應提醒學生。

⑷學生發問時，不做內容說明。

3. 教學過程：本模式之教學過程如下頁圖 4-2 所示，先對學生施予診斷測驗，根據診斷測驗結果施教，透過家庭作業，或以命題測驗或小考以了解其學習情形，並據以回饋，對不符資優教學程度者建議回原班級，對尚需加強學習再加強教學，經評量後如已符合程度或需求，則施予標準測驗，合格者升入高一級教材，再經診斷測驗循環實施後，若在標準測驗中發現需再檢討者，則又回到加強教學，直到合格為止，再進入高一級的教材。

㈣本模式在資優教育上的應用

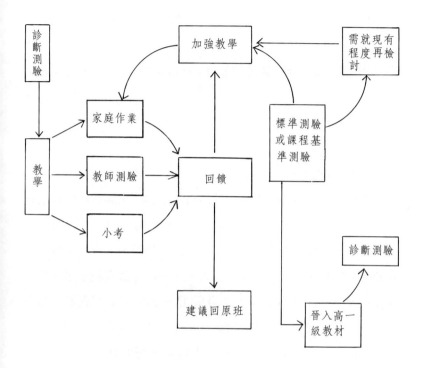

圖 4-2　SYMP 教學過程示意圖

　　本模式是以中學數學資優生為對象，期早期發現早期予以培養。其在資優教育上之貢獻如下：

　　1. 有系統地研究中學數學優異學生，為特殊學業性向優異學生之資優教育方式試探出一個新的途徑。

　　2. 編輯之教材，可供各地數學成績優異學生教學之參考。

　　3. 長期研究數學成績優異學生之特質，使我們也了解數學資優生的學習方式、特性和相關問題。

4.建立教學模式，可供以後有興趣繼續從事研究者之參考。

二、充實學習服務模式（The Learning Enrichment Services, LES）

㈠模式簡介

本模式係由加拿大安大略省的 Cliflord, Runions, 和 Smyth 三位共同設計的，採取 Renzulli 三合充實模式的精神，適合於中學資優生充實教學之用。本模式係由一般教師、行政人員、資優教師、家長、學生，以及相關人士，組成充實資源小組。其主要任務有五：⑴甄選資優生：最優 15～20％者，⑵訓練：提供充實教學，⑶網絡：建立學校與社區學生與資源人物、學業與生涯之間的網絡，⑷輔導：對資優生特殊需要的輔導，⑸交換訊息。此五項任務在四種學習環境中進行：⑴普通班級，⑵充實才能中心，⑶社區資源中心，⑷特殊方案。茲圖示如圖 4-3：

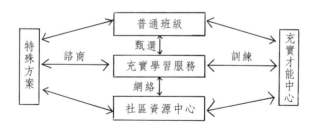

圖 4-3　充實學習服務模式

　　學校採用此模式時，先需成立充實資源小組。在圖4-4所示的環境中執行五大任務。其後，必須取得有關人員部門的認可，才能獲得支持而利工作之推展。執行本模式須藉助下列五項工具：(1)學生剖面圖：以了解學生能力、興趣、特才、潛能、優缺點、學習風格等，以為充實之依據。(2)獨立學習契約：在教學輔導下學生自行擬定獨立學習契約，教師可以從中了解學生的興趣、做決定的能力、組織能力、溝通能力和獨立計畫和學習能力等，(3)教師會商記錄：教師就學生學習問題舉行個案會商，(4)學生每週學習進度表：學生在教師的輔導下，規劃每週學習進度，(5)成就進步報告：紀錄學生學習結果進步情形，(6)學生自評表：學生自評自己的學習成果。

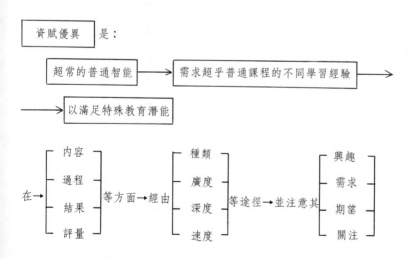

圖4-4　充實學習服務模式對資優教育的概念架構

㈡在資優教育上的應用

1.充分利用社區資源：包括成立資源小組和資源中心，容納家長及社區人士和社區機構在內。擴充資優教育環境的觀念，不限於學校範圍內。

2.充實學習服務模式，包涵了認知和情意的充實。

3.採學習契約方式，培養學生自主學習的能力和態度。

4.設計學生剖面圖和學習進度表，讓學生可以自我監控學習程度。

三、普度三階段充實模式

㈠模式簡介

此教學模式係由 Feldhusen 和 Kolloff 二人所設計，適合於小學資優教育之用。此模式包括下列三階段：

1.第一階段：擴散性思考和聚斂性思考技能的培養，包括流暢力、變通力、獨創力、精密力、做決定、預測等能力，並實際應用於各種學科領域或各種社會情境中。

2.第二階段：發展創造性問題解決能力。

3.第三階段：發展獨立學習技能。

其主要目的在培養資優生良好的自我觀念，提供資優生發展過程技能的機會，有計畫、有順序地培養資優生獨立學習的能力。

㈡在資優教育上的應用

　　此模式可自小學低年級開始實施。在未有資優教育計畫之前，普通班教師可在普通班實施第一階段的教學方案。隨年級漸增和資優教育計畫的推展，逐步實施第二、三階段的教學模式。

四、普度中學資優教育模式

㈠模式簡介

　　本模式係由 Feldhusen 和 Robinson 二人所設計的，適用於中學程度的資優生。主要目的在適合分化多樣的中學資優生的不同需求，且能展現其特殊才能。

　　本模式的要點如下：

1. 基本技能和概念的最大成就。
2. 提供適合其程度和速度的學習活動。
3. 注重創造思考和問題解決能力的培養。
4. 邏輯思考能力和邏輯問題解決能力的培養。
5. 想像力、心理意像，和空間關係能力的訓練。
6. 自我覺知、興趣、能力、需求的自我接受。
7. 追求較高理想或目標。
8. 廣泛接觸各學科領域。
9. 培養自學、自導、獨立學習的能力。
10. 和其他資優兒童相處共學的經驗。

11.對不同主題具廣泛知識。

12.提供閱讀機會，增進閱讀能力。

本模式實施步驟如下：

1.諮商服務

(1)才能發掘，(2)教育諮商，(3)生涯諮商，(4)個人諮商。

2.研討座談

(1)深度研究，(2)自選主題，(3)生涯教育，(4)情意活動，(5)思考技能、研究能力，和利用圖書館的能力，(6)發表。

3.高級班安置：各學科領域。

4.榮譽班：英文、社會科、生物、語文、人文等。

5.數理加速：數學加速、提早學習自然科學。

6.語文學習：外語、母語。

7.藝術：美術、音樂、戲劇和舞蹈等。

8.文化經驗：概念、歌劇、展示、實地參觀、外埠參觀、參觀博物館等。

9.生涯教育：典範良師、研討座談等。

10.職業輔導：家政、農業、商業、工業等。

11.課外教學：週末班、夏令營、通信教學、大學青少年班級等。

(二)在資優教育上的應用

1.適合於中學階段之資優教育。

2.重視諮商輔導。

3.提供綜合性的中學資優教育課程設計，充實與加速並進。

4.可與普度三階段充實模式配合使用，使國中資優教育得以連貫。

五、資優生適異性課程設計模式

㈠模式簡介

此模式係由 Kaplan 所設計，其目的在用座標方格來設計適合資優生的適異性課程。所謂適異性課程之要件如下：

1.內容包涵廣泛主題或問題。

2.融合多學科而成學習單元。

3.提供綜合性、多元性的增強經驗。

4.允許資優生自選的深度研究主題。

5.培養獨立自學技能。

6.發展產出性、複雜性、抽象性的高層思考技能。

7.提供開放性的問題。

8.將基本知能和高層思考技能融入課程中。

9.培養研究技能和方法。

10.鼓勵資優生挑戰現存理念，產生新理念。

11.鼓勵資優生產出多方法、多技術、多形式的成果。

12.增進資優生自我了解，欣賞人我之異同。

13.能運用適當工具和標準做自我評量。

設計適合資優生之適異性課程的步驟如下：

1.選取主題：良好主題宜包括下列要件。

　　(1)根源於學科知識。

　　(2)具有研究的意義。

　　(3)需與年令或時間無關。

　　(4)多樣性的主題，便於教師指導和學生選擇時不致受限。

　　2.決定內容：對資優生重要的、有用的、有興趣的、有意義的知識，都可以做為教材內容。包括事實、理念、概念、通則、原則、理論和系統等。選定內容可依據下列原則：

　　(1)內容須切合主題。

　　(2)須多學科的。

　　(3)適合資優生的能力、興趣和需要。

　　(4)各學科整合的。

　　(5)不受時空限制，過去、現在和未來都有關的。

　　3.決定過程：包括產出思考技能（尤其是批判性思考、研究技能和基本技能），如選取重點等。

　　4.決定成果展示方式：學習成果的發表可依據下列原則：

　　(1)採取各種溝通方式：如列表、口述、書面、表演或利用視聽媒體等。

　　(2)成果的展現。

　　①應用適當技術和材料。

　　②妥善分配時間、精力、資源、策略等。

　　③決定成功的標準，如正確性、知能的水準、創造性等。

　　④重視發表者和聽眾之間的密切關聯。

　　⑤欣賞他人作品。

　　⑥經由正式或非正式管道分享成果。

5.形成模式（如表 4-1）

表 4-1　資優生適異性課程分析表

主題：						
要素	內　　容	過　　　　　程			成　果	情　意
		思考技能	研究技能	基本技能		
活動						

㈡在資優教育上的應用

1.使資優學生了解適異性資優課程的涵義及要件。

2.使資優教師能夠利用座標方格來設計適異性資優課程，且了解設計之步驟。

六、中學三合充實模式

此模式係由 Reis 和 Renzulli 共同設計的，適用於中學資優生，其理論精神和原設計的三合充實模式或旋轉門模式相同。欲實施此模式，首先要成立科際整合計畫小組（Interdisciplinary Planning Team, IPT），由各科志願參與的老師共同組成之。然後從全校中學部學生中，甄選出 15％－20％的資優生參與本方案。

七、無限才能模式

㈠模式簡介

　　無限才能模式係由 Dr. Schlichter 依據 Tylor 的多元才能模式所設計的，用以發展資優生高層認知和情意技能，對所有資優生都可適用。當前教育工作者，雖然強調有效思考技能的重要，但尚未形成共識，效果並未十分彰顯。本教學模式旨在發展學生的創造思考和批判性思考等高層思考能力。其基本假設為：⑴人類有各種才能，⑵訓練各種思考技能有助於各種才能的發展，且能孕育積極的自我觀念，⑶特殊才能的訓練在任何學科領域中進行，⑷多元才能的發展和工作世界的成功密切相關。本教學模式所強調之才能領域，包括產出性思考能力、做決定能力、計畫能力、預測能力、溝通能力和學術能力等。

　　本教學模式包括下列要項：

1. 教學：系統地授予學生各種技能。
2. 統合：將各種才能的訓練統合在各種教學中。
3. 強調：各種才能都加以強調，不偏重或偏廢。
4. 增強：學生習得某科才能或某羣才能時則給予增強。
5. 教材：運用各種教材。
6. 編組：分組教學和個別教學並重。

㈡教學活動

各種能力的培養可以透過下列思考教學活動。

1.產出性思考能力

(1)想出許多主意（流暢）。

(2)想出各種主意（變通）。

(3)想出非凡的主意（獨特）。

(4)潤飾主意使更完善（精密）。

2.預測能力

對情境做許多不同預測。

3.溝通能力

(1)用許多不同字詞來描述事物。

(2)用許多不同字詞來描述情感。

(3)想出二種事物之間在特殊方面有許多各種相同或相異之處。

(4)讓別人知道您了解他的感覺或您對他的感覺。

(5)用各種不同的完整思想形成觀念網絡。

(6)不同言語而成清楚明確地表達您的情感、想法和需求。

4.計畫

(1)告知別人您的計畫，使別人知道你打算做什麼（計畫目標）。

(2)提出你計畫所需之材料和設備（資源）。

(3)依序提出你完成計畫所需之步驟。

(4)提出完成計畫可能遭遇之問題，吸取解決之道（潛在問題）。

5.做決定

(1)提出選案：想出多種不同替選方案。

(2)設定準則：詳細考量每一選案並提出選擇準則。

(3)做決定：選定最佳方案。

(4)推理：提出選定該替案之各種理由。

(三)教學程序

1.產出性思考技能之教學

(1)預備活動（暖身活動）：可以陶倫士的創造思考圖形測驗中的平行線或圖形等活動做為暖身活動，使學生了解流暢、變通、獨特、精密的意義。

(2)融入學科中教學：在國語、數學、自然、社會或藝術科中訓練產出性思考技能。因年級之不同，其教材之運用及產出性思考技能水準的要求也有所不同。

2.做決定的能力

選擇是一種行動，不是做決定，考量各種可能的選案才是做決定的過程。培養學生做決定的能力，乃是訓練學生做最佳選擇之前，考量各種可能因素，權衡各種可能情況，這種過程及其所需之能力稱為做決定。

做決定的教學固然可在假想的情境中實施，但最好能於兒童感興趣的實際生活情境中實施為宜。例如：教師可與兒童一同商討「雨天的遊戲」。教師可提供數種可能的遊戲方式，教學「做決定」時，不是要兒童立刻從中選出一種或數種，而是要學生再想出其他可能的遊戲方式，再就每一種可能遊戲提出問題，對每一可能遊戲方式之正反雙方意見均提出，詳加考慮，權衡比較，

透過評估以利抉擇。做決定的方式可以是個人的，也可以是團體的。所做的決定也可以是個人的，也可以是團體的。

做決定的教學應該和實際教學結合在一起。以實際教學的教材融入實際生活情境中，當可引起學生的興趣，學生提出可能性選案的方式可以是書面的，也可以是口頭的。若選案太多時，可讓學生依據某些標準選出四、五件，經統計後再討論，最後期能達成共識性的決定。

選擇選案的標準可以有輕重緩急之分。教師可訓練學生排出順序，再授以「加權」的策略，對做決定很有幫助。

3.計畫能力之教學

培養兒童計畫能力的目標，乃在教導學生運用計畫能力來完成工作或解決問題。一般而言，當問題解決的策略透過做決定與過程而有所決定之後，隨之便須訂定計畫加以完成或解決。計畫的訂定包括下列技能：(1)現況說明或問題陳述，(2)計畫所欲達成之目標，(3)可用於達成計畫之資源（人、事、時、地、物、財等），(4)計畫之撰擬及實施程序，(5)預期困難及解決之道，(6)預期結果，(7)替選方案。

計畫能力的檔案可採取四個步驟的方法：(1)什麼？提出要何種計畫，(2)事物：列出實現此計畫之步驟。(3)步驟：列出實行本計畫之步驟，(4)問題：列出推行本計畫可能遭遇之問題。

4.預測能力的教學

預測能力的教學，乃在培養學生對未來的情境或事件產生多種不同的預測。也就是未來可能或不可能發生的因果關係的預測，由於兒童天生好奇心很重，所以很容易激發其參與預測活動

的興趣。例如教師可以從班級常規討論著手。可以討論的問題是：「如果沒有教學常規會怎樣？」最後，尚可討論：「哪些可能事件會造成有人不遵守常規？」或「如果有人不遵守常規會怎樣？」中學生可以討論：「如果學校沒有校規或沒有規定制服會如何？」推之於社會科則可討論：「若無法令限制，不實的廣告會有什麼後果？」

預測才能使學生敏於覺察問題，提出假設，並形成批判性推理，以利可能答案之獲得。在教學時，除與實際生活情境結合外，儘量融入正常教學科目中。不僅可以提高興趣，更可使學生了解預測才能的實用價值。

5.溝通能力的教學

教導溝通才能的一般目標乃在增進學生語文和非語文能力，以溝通其思想、理念和情感，達到流暢、變通、合適、清晰、完整、表情和高雅的境界。教學的內容包括認知、情意和心理動作的單字、字句，以至完整理念的表達等。各種溝通技能可單獨訓練，也可結合數種技能加以訓練。其他溝通技能也可以視實際情境融入教學中。

㈣教學策略

本模式的主要教學策略是⑴教師提出特殊問題或指導語，以刺激學生思考並練習思考技能。此為本模式關鍵之所在，教學能提出適當的問題或指導語，才能激發學生運用適當的思考技能來思考問題。教師所發之問題必須清晰、完整，教學之後也應有適當評估。⑵教師發問之後，應給予學生足夠的反應時間，至少應

在三秒鐘以上,在師資培育時就應注意這種技巧。⑶接受學生的意見,並給予適當的鼓勵。其方式是①當兒童發表意見時以感興趣的眼神注視,並注意傾聽,②同意或贊許其意見,③鼓勵學生進一步探究,④提供學生實施或試用其意見的機會,⑤協助學生把意見說清楚,⑷模仿他人的學習思考技能。本模式選擇若干思考技能優異者,供為學生模仿學習的對象。此對象可以是教師、家長、社會人士,也可以是同學。教學思考技巧時,也可訓練學生運用其統合認知的能力。學生透過練習之後,不僅能應用,且能同化,最後能在各種生活情境中運用其思考技能。

㈤在資優教育上的應用

本模式使資優教師了解學生的多方才能及其教學的方法和策略。

八、充實矩陣模式（The Enrichment Matrix Model）

㈠模式簡介

本模式是由唐年邦（Tannenbaum）所設計的,其目的在運用此矩陣模式,早期發現有產出能力的資優兒童,並且運用此模式教導資優兒童。其重點在於甄選工作和教學方案同時進行,教學中甄選,甄選即是教學。其教學實施要點為①濃縮核心課程,使資優生得完成普通課程,⑵增進基本技能,⑶逐步計畫充實,⑷臨時性充實活動,⑸校外充實活動。各階段均重高層思考能力

和情意態度之培養。

　　唐氏認為早期展現資優者，並不一定在長大後就必然成功。影響資優兒童成功的因素有(1)普通能力，(2)特殊能力，(3)環境因素，(4)非智能因素，(5)機會因素。此五項交織如圖4-5。

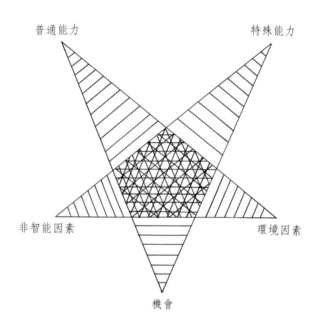

圖4-5　成功由五大因素交織而成

　　本模式強調從教學中來發現資優兒童，例如要發現文章寫作優異者，最好方法是教其寫文章，從而可以發現寫作資優者。其過程是①篩選，②選材，③分化。

篩選係依據五項標準：①普通能力，②特殊性向或成就，③創造力，④非智能特質，⑤產出力或特殊表現。

篩選所得之「準資優生」安排在教學情境中，使各生有機會表現其才能，而不會僅憑一次或少數測驗就決定。

最後透過教學、觀察、評估、試探，再評估可以分化出資優者和非資優者。

㈡充實矩陣模式

此模式的架構如圖 4-6，直行為課程領域，橫行為充實活動。各學科或課程領域都可以有各種充實活動。

1. 課程內容的選擇：直行的學科領域乃是一般兒童和資優兒童所共需的。此外，資優生尚需其他領域，如社會學、心理學和生態學等。

2. 課程內容的充實：調整課程以符資優生之所需。

學科領域	內　容　調　整					高層認知能力之充實	社會及情意態度之充實
	濃縮核心課　程	增進基本技　能	計　畫充　實	臨時充實	校外充實		
語文數學自然社會音樂美勞其他	加速進行高層思考者	擴增基本學習技能	詳細計畫逐步充實	依據教學專長或兒童興趣安排充實活動	校外實際生涯之深入充實	如運用分合法、好奇心、想像力、創新力、判斷力、做決定等能力	增強意志力

圖 4-6　充實矩陣模式

⑴濃縮核心課程，便於資優生加速學習。

⑵增進基本能力。如 3R 和基本知能之學習。

⑶計畫充實。依預先已準備好之計畫加以充實。

⑷特殊充實。視情況而定，非預定之充實活動。

⑸校外充實。學生在校外生涯活動中進行充實學習。

3. 增進認知能力：加強高層認知能力之充實。

⑴運用分合法以未知的態度探究已知。

⑵對已知事物加以增益。例如：如何改進狗、貓的福利？如何增進茶杯的功用？

⑶以熟知的過去應用或推之於未來事物。

⑷預測未來的進度。

⑸增進好奇心。

⑹增進創新力。

⑺能區分良莠的智能活動（判斷力）。

⑻為做決定而收集資料，非只為回答某問題而收集資料。

⑼運用想像力。

⑽不為困惑所迷。

⑾增強意志力。

本模式旨在達成下列目標：

1. 增進學生學業成就。

2. 培養高層思考技能。

3. 增進資優生創造力。

4. 增進人己福利。

5. 探究廣泛學術領域。

6. 增進資優生學習經驗之品質。

7. 增進資優生自我觀念和自我實現之期望。

8. 提昇資優生在同儕中的社會地位。

9. 創造資優生的家庭、學校氣氛。

10.增進資優生積極的心理健康。

㈢在資優教育上的應用

1. 使資優教師體認非智力因素的重要性。如機會、環境因素也應加以重視。

2. 利用充實矩陣來設計資優課程,甚具意義。

九、個別化方案計畫模式（Individualized Program Planning Model,簡稱 IPPM）

㈠模式簡介

本模式旨在以個別化方案孕育有效的獨立學習,係由崔分格所設計,其要旨為資優生有各種不同的才能,需以不同方式教育之。

1.實施

除集中式分散式或資源教學之外,提供另一種可行的模式。實施本模式之要點如下:（參見下頁圖 4-7）

⑴甄別:非在甄別誰是資優生或是否應進入資優班?而在發現資優生之特別需求,以供修正課程和教學之參考。包括能力、

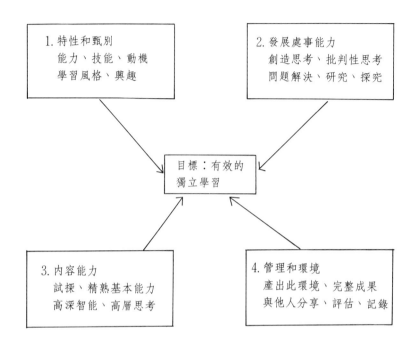

圖 4-7　個別化方案計畫模式

技能、動機、學習風格，以及興趣等。

(2)發展處事能力：如解決問題所需之推理、判斷、創造思考等；可單獨教學，也可融入主學科中教學；可直接教學，也可融入遊戲中，更可用在實際生活情境中。

(3)內容知能：要創造、產出，必須先有足夠知能，然後運用舊經驗以產生新事物，故應授予豐富的知識技能。

(4)管理與環境：資優兒童的創造力會受管理方式和環境刺激所影響，故應加強管理方式之研究並提供適當的學習環境。

2.要素

本模式主要包括六大要素，茲簡要說明如下（如圖 4-8 ）。

(1)定義：主要採 Renzulli 的定義。

(2)特性：與定義有關之特性。

(3)甄別：透過篩選、綜合評量、鑑定等程序找出資優生的真實特性和需求。

(4)教學計畫：資優生在普通班級中需要何種教學方案。普通班為滿足資優生的需求應有何種適當的教學計畫。由何教師提供何種教學方式案均在計畫之列。

(5)教學實施：實際有效實施教學。包括個別化基本教學，有效加速、適當充實、獨立自學、人格成長和生涯發展等。

(6)評估修正：評估成敗，據以修正。

本模式認為資優教育的成敗，不能只關心為資優生所安排的特殊環境。其即為全校學生之一員，必須隨時與同學互動，所以整個學校環境、班級氣氛、教師態度，都應為良好的教育環境（參見圖 4-8 ）。

3.成敗關鍵

崔分格認為實施本教學模式成敗關鍵在於下列幾方面：(1)對本模式的工作承諾，(2)要有詳實計畫，(3)普通班教學必須健全，全校教育正常，(4)有效的需求評估，(5)須有核心支援小組，(6)教師的持續成長，(7)豐富的行政支援，(8)學校與社區的配合，但仍是以學校為核心，上下一心同心合力，(9)特殊專業輔導，(10)勇於面對困境，樂於解決難題，(11)有做決定、解決問題之能力。

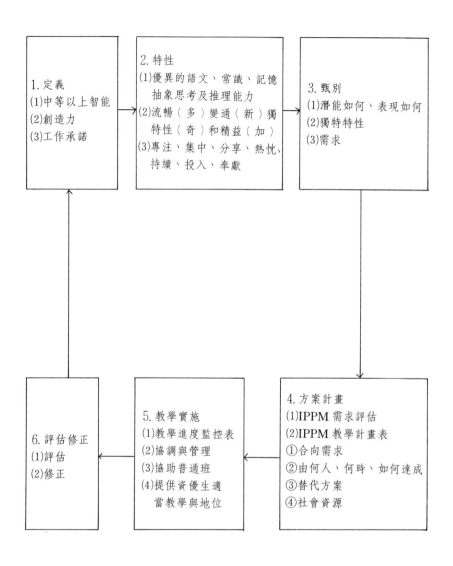

圖 4-8　個別化方案計畫模式各要素之關係

㈡在資優教育上的應用

1. 使資優教師了解個別化教學計畫在資優教育上的應用。除集中式、分散式和資源教學外，提供另一種可行的方式。

2. 使資優教師了解甄別的功能非為分類，而是為教學。

3. 強調整體資優環境的重要性，只有資優班級是不夠的。

4. 使教師了解資優教育成敗關鍵之所在。

在當前學校所提供的資優課程安排中，不論是集中式、資源式或分散式，常常可以聽到普通班與資源班教師的爭議，時間安排的困難，場地移動的爭執，甚至同學們的人際互動問題。本模式旨在針對問題，試圖提出可行方案。其要旨乃以班級為基地，以班級教師為主要導師。資優生的甄選，非為成立固定的特別班，以相同的教材，由少數教師，實施特定的教學，而是針對教師教學上的需要。

十、認知──情意互動的充實模式

㈠模式簡介

本模式係由威廉士（Williams, 1986）所設計的。威氏根據許多學者對創造者和創造過程的研究，設計出此教學模式，是屬於結構模式，而非分類模式。旨在結合認知和情意的歷程，藉傳統的教材培養學生發表力和創造力。

為完全發展資優生的多元才能，教師應考慮認知和情意的互

動，更應該重視重新聚斂思考能力和擴散思考能力的交錯。此四者間的彼此互動，可以形成圖4-9的四種可能聯結，進而可以設計或採取適當的工具來甄選資優生的相當能力。

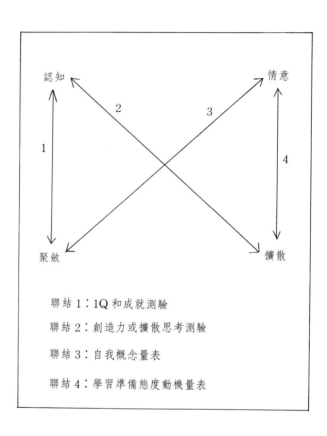

圖4-9　認知、情意、聚斂、擴散四者互動聯結關係與資優能力之評量

㈡在資優教育上的應用

1.強調認知、情意與學科之間的聯結關係，以為課程設計之參考依據。

2.重視創造技能的培養，俾利兒童創造潛能的發展與應用。

3.兼顧創造力的情意領域。

4.注意各因素間的互動關係，如教學策略和學習風格之關係（參見圖4−10）。

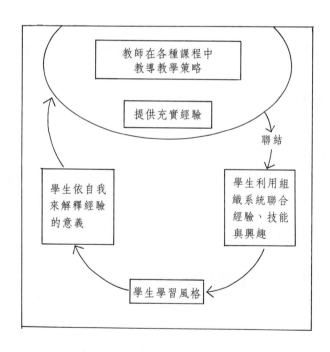

圖 4−10　教學策略與學生學習風格之關係

十一、學科基本結構模式

㈠模式簡介

本模式係由布魯納（Bruner）所提出的。他認為任何智性活動都可以抽象出某些相同的基本概念。例如在數學中講「集合」的概念，在社會科中也會有「集合」的概念。所不同的只是程度的不同，而非種類的不同。教學應重視這些基本結構，而非知識本身。基本結構乃包括一些概念和概念間的基本重要關係。了解概念及其間的結構關係後才能真正理解學科的現象意義。

㈡在資優教育上的應用

1. 本模式並未提供資優教育的實際方法或策略，但卻為資優教育提供重要的理念。

2. 本模式提供「基本結構」的重要概念，成為資優教育的重要理念。

3. 使資優教師重視資優生的概念教學。

十二、認知教育目標分類模式

㈠模式簡介

本模式係由布魯姆（Bloom）所提出的，其目的在依據思考

的複雜度對教育目標的認知部分做適當的分類。其基本假設是人類思考的層次有階層性，每一較高層次的思考都基於下一階層的完成。

本模式由低而高，分為六個層次：知識、理解、應用、分析、綜合和評價。茲分別簡述於後：

1. 知識：記憶所得之資料，不需轉化。包括(1)特定事項。如專有名詞、特定事實等。(2)特定方式或方法。如方式、方法、趨勢、次序、分類、範疇和標準等。(3)特定理論的原理、原則和結構等。

2. 理解：能以自己的意思轉述所得資料，但尚不能和其他觀念相結合。包括(1)改寫或重述而不失原意，(2)解說，(3)擴展延伸。

3. 應用：將所習得資料形成概念、原則等應用到新情境。

4. 分析：分析概念以了解結構、效用或理論。包括(1)成分分析，(2)關係分析，(3)過程分析，(4)原理原則分析等。

5. 綜合：把許多觀念結合成一整體。如(1)獨特的理念，(2)計畫，(3)關係模式，(4)發現等。

6. 評價：對事物、資料、觀念或理論（依價值標準）做價值判斷。價值標準可能是量化的，也可能是質化的，可以是內在的，也可以是外在的。

㈡在資優教育上的應用

本模式在資優教育的應用上非常的普遍，許多教學設計也都以本模式為基礎。其主要貢獻如下：

1.改變資優教師觀念：使資優教師理解認知思考的層次性，足以改變教師對資優教育的觀念。

2.妥訂資優教育教學目標：依資優兒童的需要，妥訂教學目標，不偏於低層次的知識和理解的目標。適量的增訂高層次的分析、綜合和評價的教學目標。

3.據以選擇教材：均衡地選取各層次的教材。不偏離也不偏低。

4.適當調整教材的目標層次：目前多數教材較屬低層目標層次。如一年有幾季、何謂冬至等。運用此模式可以轉化成較高層次的思考教材。

5.改進教學方法：資優教師不再只停留在低層次目標的教學，而是逐漸由低層次教學目標的達成而朝向高層次的教學目標，以培養資優生高層次的思考能力。

6.調整教學設計內涵

⑴在教學內容方面，可以增進抽象性、複雜性、多樣性和對人的研究的課程內涵。

⑵在教學過程方面，可以提昇高層思考的訓練。

⑶在教學結果方面，可用以適當轉化教學結果。

十三、情意教育目標分類模式

㈠模式簡介

本模式係由克瑞斯沃（Krathwohl）所提出的，其重點和認

知目標分類學，但在理論假設和層次有相同之處。主要認為人類的情意活動有深淺之別，所以情意教育的目標也應有層次之分。

本模式的情意教育目標層次，由低而高，共分五個層次，包括：(1)接受或注意，(2)反應，(3)價值化，(4)組織，(5)人格化。上一層次情意教學目標的實施，宜建基於下一層目標的完成之上。易言之，不注意就不能反應，無價值化就不會納入思想組織體系。茲分述如下：

1. 接受：包括(1)察覺，(2)接受的意願，(3)選擇的注意。

2. 反應：對「興趣目標」反應，包括(1)在反應中保持沉默，(2)願意反應，(3)在反應中獲得滿足。

3. 價值化：決定事物、現象或觀念的價值，進而建立信念或態度。包括(1)價值的接受，(2)價值的偏好，(3)產生信念。

4. 組織化：價值加以組織，尋找關係以建立完整的組型。包括(1)價值的概念化，(2)價值系統的新組織，組合了態度和信念。

5. 人格化：包括(1)價值的類化，(2)價值人格化。將價值加以內化成為人格複合的一部分。

(二)在資優教育上的應用

本模式對於資優教育的實施具有啟發性的意義，也為資優教育提供一個新的思考方向。其主要貢獻如下：

1. 重視資優生的情意教育：過去資優教育較偏重認知性的教育目標，本教學模式的提出，使資優教育開始重視資優生的情意教育。

2. 了解情意教育目標的層次。過去對於情意教育的實施僅憑

籠統的概念，未能真正了解其層次性。本模式可以幫助資優教師
了解此層次，有利於情意教育之實施。

3.據以實施資優生的情意教育

(1)依據資優生的實況和需求，妥訂情意目標。

(2)據以編選適當層次之教材。

(3)改進情意教育的方法，做好低層情意目標的基礎工作，逐
步向上推移，以求高層情意目標之達成。

(4)可提供多樣性的課程內涵及高層思考的學習歷程。

十四、智力結構模式

㈠模式簡介

本模式係由基爾福特（Guilford）所提出的。其理論對資優
教育的影響，遠超過任何其他的理論或模式。不僅擴展了資優教
育的定義和概念，在鑑定、課程和教學策略上都有重要的影響。

本模式的基本架構認為智力包括三個層面（如圖 4-11）：
(1)資訊（或運思）的內容：包含實體的、符號的、語意的和行為
的等資訊內容。是智力運思的主體。(2)心理運作（或運思的過
程）：包括認知、記憶、擴散、聚斂、評價等五種運思的方式。
是智力運思的心理作用。(3)運思結果：包含單位、類別、關係、
系統、轉換和應用等。是智力運思結果之產生。以此三個層面的
各項可以構成 4×5×6＝120 個細格，代表人類的 120 種智能。
其後，基氏又將內容層面的實體擴充為實物、聽覺的、視覺的運

結果（PRODUCTS）

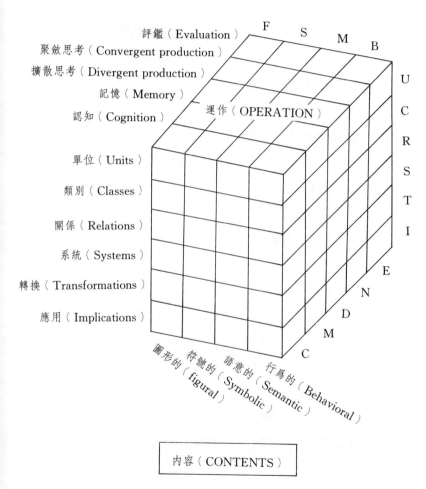

內容（CONTENTS）

資料來源：改編自 J. P. Guilford (1967), The nature of human intelligence, New York：McGraw-Hill.

圖 4-11　智力結構模式

思標的。因而成為 6×5×6＝180 個細格。惟目前仍以前者為發展重點。每一層面中的每一項都以一個英文字母來代表。例如以 F 代表實體，以 M 代表記憶，以 R 代表關係。所以 FMR 就是以實體的材料，運用記憶的方式產生關係的結果。每一細格不僅代表種能力，而且包括了內容、過程和結果。可以看出兒童在某一能力或某些層面的優缺點。

㈡在資優教育上的應用

本模式經米克夫婦（Meeker）加以推廣，已廣泛的應用在資優教育上，成為一種重要的資優教育的教學模式。其在資優教育上的應用有下列幾方面：

1. 擴充資優生的概念

⑴建立多元的資優概念。

⑵容納擴散性思考於智力的範疇之中。

2. 變化教材的選擇：為求教學上的變化，教材可選擇實體的、符號的、語意的或行為的，達到教學多樣化的目標。

3. 依教學目的選取適當的方法。包括認知的、記憶的、擴散的、聚歛的或評價的方式。

4. 學習結果可做多樣性的變化。可訓練學生將單位的運思結果改變成類別的、關係的或系統的，也可以轉換成其他方式，或加以引申、推論。

5. 可以診斷資優生的各種能力，了解其優缺點，以為改進課程之依據。

6. 可以和生涯輔導相結合。以指導資優生做適當的生涯抉

擇。

7. 可以做為培養學生高層思考能力的重要課程，如創造力和評價能力等。

十五、道德推理模式

㈠模式簡介

本模式是由柯爾堡（Kohlberg）所發展出來的。他認為人類道德推理的發展有階段性，由低到高共分三期六階段。茲簡述如下：

1. 道德循規前期：道德的好壞，係依行為的後果及權威者的力量來決定。本期又分二階段：⑴服從和懲罰導向階段。⑵工具式的相對論導向階段。

2. 道德循規期：關心並支持社會秩序。本期又分二階段：⑴人際關係和諧導向階段，或好孩子導向階段。⑵法律和秩序導向階段。

3. 道德循規後期或自律期：認同普遍的道德原則。包括⑴遵守社會規約導向階段，⑵普遍道德法則導向階段。

人類在道德推理的發展上，由小至大乃是由低層往高層進展。低層道德推理乃是高層推理的基礎，為實施道德推理教學，柯爾堡提供兩難的道德情境，由教師引導學生進行研討，故又稱為「道德兩難模式」，從學生的反應中可以評斷其道德推理的發展層次。

㈡在資優教育上的應用

本模式雖然不是專為資優兒童而設計，他的理論為道德教育提供了一個新的方向。但是由於其道德推理的方法，具有相當高層思考的概念，所以廣泛的為資優教師所採用。其主要貢獻如下：

1. 為道德成長提供了階段性發展的概念，便於道德教育的實施，循序漸進，以培養資優生較高的發展層次。

2. 改變了資優教師對道德教育的看法，將道德教育視同推理的教學，可以培養學生高層思考能力。

3. 提供適當的教學過程，資優教師可據以參考實施。其過程包括：⑴呈現道德兩難情境。⑵澄清事實、確認要點，⑶提出立場並說明理由，⑷分組研討，⑸滙整並提出討論結果，⑹學生重新評估立場。

4. 提供具體的教學實例，資優教師可據以實施或重新編訂。

5. 提示教學原則，資優教學應提供比在道德發展水準較高一層次之教學活動，以引導資優生的道德推理可以向上發展。

十六、創造性問題解決模式

㈠模式簡介

本模式是由潘恩斯（Parnes）依據奧斯朋（Osborn）的問題解決法所設計的，期以系統方法來研討並解決問題。其主要模

式如圖 4-12 所示。

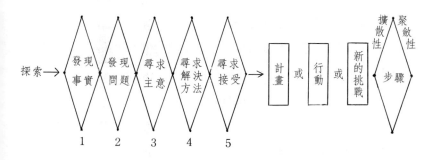

圖 4-12　創造性問題解決之步驟

　　本模式的主要特點，乃在選擇和執行問題解決之前或之中，盡量運用其創造力以想出各種可能的方式或方案，以尋求最佳的解決問題的方法。

(二)在資優教育上的應用

　　本模式可以普遍用在一般教學上，惟對資優教學尤其適用，一則可以培養創造力，再則可以運用創造力於問題解決方面。其在資優教育上的貢獻如下：

　　1. 可以培養資優生創造力且運用創造力以解決問題。

　　2. 結合創造思考能力和問題解決能力，以獲取較高層次的思考技能。

　　3. 可應用於獨立研究上，以解決實際問題。

　　4. 在小組共同解決問題時，可運用腦力激盪術想出各種可能

的變通方案，再經評估選取最佳或最適當的方案。

　　5.本模式在教學內容方面可以達到多樣化的目標，且可授予資優生具體解決問題的方法。

　　6.本模式符合資優教育學習結果改變的四項標準，即以實際問題、實際聽眾、評估、轉換等四項。

　　7.學生可以獨立自主從事研究工作。

十七、教學策略模式

㈠模式簡介

　　本模式是由塔巴（Taba）參考了皮亞傑（Piaget）、布魯納（Bruner）和魏高斯基（Vygotsky）的研究而發展出來的。他採取皮亞傑的同化和調適的觀念，但和皮亞傑不同的是他認為我們可以精心設計環境以引導兒童認知發展。

　　塔巴認為有效的教學應發展學生的學習策略，包括發展多元目標的一般策略和達成特定目標的特殊策略。其教學策略包括：

1.概念發展

　　從資料的處理、組織、比較、分類和驗證中逐步形成概念，並經類化而逐漸擴展或澄清。其步驟如下：

　　⑴列舉：列舉資料的各種屬性。

　　⑵組合：將前列屬性做不同的組合。

　　⑶分類：將不同組合之屬性予以分類標示。

　　⑷包含：了解各種不同組合之屬性間的關係，或分類間是否

有互相包含的關係，可以合併分類形成新的分類，或發現分類間的上下左右關係，以擴展更大的概念或統合。

　2.資料解釋

　學生一方面自己處理資料，一方面觀察他人如何處理相同資料。其步驟如下：

　(1)列舉：依其相似性、趨勢性或順序性，列舉所欲處理、解釋之概念資料。

　(2)推論原因和結果。

　(3)推論前因和後果。

　(4)達成結論並支持結論。

　(5)類化至其他情境。

　3.通則的應用

　(1)預測。

　(2)推論狀況。

　(3)推論結果和狀況。

　(4)結論。

　(5)檢驗通則。

　4.衝突分析

　應用前述策略以解釋人類的行為、情感、態度和價值等。其主要步驟如下：

　(1)列舉：列舉所欲處理之行為、情感、態度和價值等。

　(2)推論理由動機和感受。

　(3)提出可行方法並加以檢驗。

　(4)評估：評估可行方案並決定最適當策略。

(5)類化：經由實際生活情境中的多次練習應用後，類化至其他情境。

㈡在資優教育上的應用

塔巴認為任何學生都可以學習各種學習策略，當然，對於資優生尤其適用，其對資優教育之貢獻如下：

1. 使資優教師了解教學策略的重要。資優教師由重視知識的教學朝向策略方法的教學。

2. 使資優教育重視資優生的概念，由知識的獲得到概念的形成，進而類化、擴展，以利概念的學習。

3. 情意教育一向是資優教育的重點工作，教師可以運用策略教學以實施資優生的情意教育。

4. 建立通則及應用通則乃是策略教學的重要步驟，資優教師應特別重視培養資優生這種能力。

5. 本模式可以增進教學內容的抽象化、複雜化，和多樣化。

6. 在教學過程中，本模式可以增進高層思考能力和推理能力。較具開放性，可以促進團體互動。

7. 在學習環境方面可以學生為中心，自立自主學習。

十八、多元才能發展模式

㈠模式簡介

本模式係由泰勒（Taylor）所提出的。他認為特殊才能和資

賦優異不同，後者是指普通能力，前者是指特殊能力，且認為特殊才能是居於中等和資優之間。若教師能注意學科以外的能力，則多數兒童可能具有某一領域以上的特殊才能。泰勒支持吉爾福特的智力結構理論，但認為宜將120種能力合成六、七種能力，以便教學。所以，他提出了(1)創造的才能，(2)做決定的才能，(3)計畫的才能，(4)預測的才能，(5)溝通的才能，(6)產出性思考才能。各人所具有的才能不同，有些人具有多種才能，有些則否；有些人在某領域有特殊才能，在另一領域可能是中等或較差。易言之，存在著個體間的個別差異和個體內的個別差異。

泰勒認為各種才能的學生有其不同的特質，可以設計不同的方法來發展其特殊才能。

㈡在資優教育上的應用

1.喚起資優教師注意學科以外的其他能力，且應積極予以發展。

2.提出較綜合性的才能，且為日常生活、工作、就業、學習所必須的。使資優生學習片斷的知識和方法之後，能加以綜合應用，以實際解決生活中之問題。

3.使普通班教師也能注意學生多方面的才能而加以發展。不必認為資優生只是少數人、資優教育只適合少數資優者。只要隨時加以留意，就會發現每班都有特殊才能的學生。

4.為資優教育提供一個新的途徑。以往從未有學者注意到計畫才能、預測才能、和做決定的才能等。依據本模式，教師宜有計畫、有方法來培養資優生這種能力。

十九、自我引導學習模式（Self-Directed Learning Model）

㈠模式簡介

本模式係由崔分格（Treffinger, 1976）所提出的。其目的在發展學生自我引導和獨立學習的能力。而這些能力的培養有賴教師逐步引導，在師生雙方訂定週全的學習計畫之下，逐漸減少結構性，增加學生的自主性，最後達到獨立自學的目標。

崔氏認為教學宜循下列四個基本過程進行：⑴訂定學習目標，⑵評量起點行為，⑶進行學習，⑷評量結果。以往的教學，每一過程都是由教師主導，學生只要跟著學習便是好學生。崔氏認為教學之初固然可由教師主導，但是，對資優生而言，應該逐步訓練學生負起自主獨立學習的責任。因此，從第一個過程開始，先是由教師主導，透過教師的教導，逐漸由教師引導轉變成學生自我引導。一直到最後一階段，由學生自行主導評量，並公布結果。當然在發展這些技能的過程中，教師應隨時給予指導。

㈡在資優教育上的應用

1. 使資優教育由教師主導的教學轉變成學生自我主導的教學。在教師輔導下，資優生自負學習成敗之責任。

2. 提供資優教師指導資優生自我引導學習的系統方法和策略。

3. 資優生從事獨立研究時可以採取自我引導的學習模式。能

自主、獨立地進行學習活動。

4. 可以提供資優生多樣性的學習活動，重視方法的研究。

5. 可提供開放性的學習過程，讓資優生自行發現，有選擇的自由。

6. 學習以實際問題為導向，學習結果可加以評估，結果展現可加以轉換。

7. 學習環境符合「學生中心」、「自主獨立」、「開放性」、「接納」，和「高移動性」等條件。

8. 本模式可在獨立研究中實施，符合資優教育的精神。

二十、威廉氏思考和情意教學模式

㈠模式簡介

威廉氏的教學模式（如下頁圖 4-13），主要包括三個層面。第一層面為學科內容如語文、數學、自然、社會、美勞、音樂等。第二層為教學策略，包括釐清矛盾、注意屬性、類比推敲、指出不符、啟發性問題、變動事例、習慣事例、自由探究、探究技巧、容忍曖昧、直觀表達、強調發展、人的研究、評估情境、創造性閱讀技巧、傾聽技巧，寫作技巧、和視覺化技巧等共 18 種。第三層面為學生行為，包括流暢性思考、變通性思考、獨創性思考、精益性思考（以上為認知行為）、好奇心、冒險性、挑戰性和想像力（以上為情意行為）等 8 種。由此三個層面的交集可得 $6 \times 8 \times 18 = 864$ 種教學活動。可供教師教學選材及安

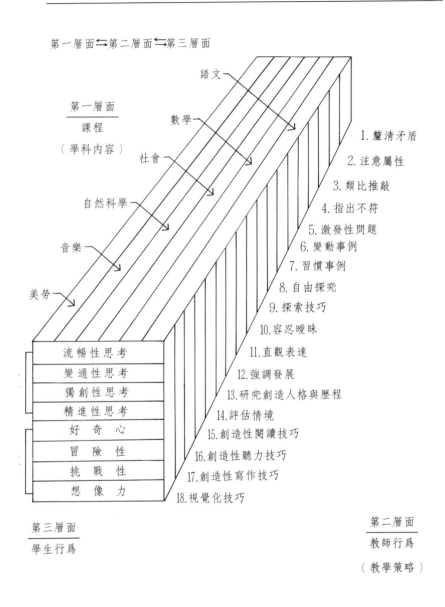

第一層面⇆第二層面⇆第三層面

第一層面
課程
（學科內容）

語文
數學
社會
自然科學
音樂
美勞

1.釐清矛盾
2.注意屬性
3.類比推敲
4.指出不符
5.激發性問題
6.變動事例
7.習慣事例
8.自由探究
9.探索技巧
10.容忍曖昧
11.直觀表達
12.強調發展
13.研究創造人格與歷程
14.評估情境
15.創造性閱讀技巧
16.創造性聽力技巧
17.創造性寫作技巧
18.視覺化技巧

流暢性思考
變通性思考
獨創性思考
精進性思考
好　奇　心
冒　險　性
挑　戰　性
想　像　力

第三層面
學生行為

第二層面
教師行為
（教學策略）

圖 4-13　威廉斯思考與情意教學模式

排教學活動之參考。

㈡在資優教育上的應用

1. 使資優教育可以兼顧認知和情意層面，結合認知和情意歷程之教學。

2. 可以在傳統學科教學中實施資優教育，不必另行設計課程，一則可以減輕資優教師的負擔，又可使資優生回歸主流。

3. 普通班教師也可在普通班中運用此模式，以活潑教學方式，豐富教學內容。

5. 可以培養資優生創造思考的技能。

6. 所編教學實例便於教師採用。

二十一、綜合充實模式

㈠模式簡介

本模式是由毛連塭參考阮汝禮的三合充實模式和貝茲的主動學習模式所設計的（如圖 4−14 ）。旨在透過內容充實、過程充實和結果充實以培養資優生學習技能（ Process skills ）和情意態度。主要用在小學的資優教學上，由小學四年級起至六年級可做系統的安排。在學習技能方面，包括字彙能力、組織能力、重組能力、做摘要能力、分析能力、綜合能力、評價能力、歸納能力、推理能力、批判能力、分合法、符號化能力、概念化能力、以及建立模式能力等（ 如下頁圖 4−14 ）。至於情意教育部分首

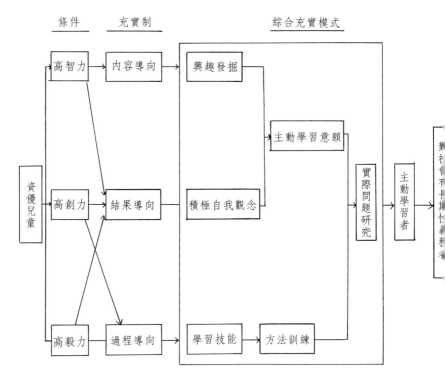

圖 4-14　綜合充實制資優教育模式

在發現興趣、培養興趣、激發積極主動的自我觀念、進而培養主
動學習的精神,有了自動學習的技能和主動學習的精神,才能成
為主動學習者,最後才能預期對社會有長期性的貢獻。

㈡在資優教育上的應用

　　1.強調內容、方法和結果,以及環境的綜合充實,不偏於任
何一方面。

　　2.認知(學習技能)和情意(主動學習)並重,培養學生統

整的全人人格。

3.以培養學生主動學習為重點,強調對社會的長期性貢獻為目標,可以矯正只重個人發展的弊病。

4.課程設計應以個人發展為起點,以社會效用為目標,二者相輔相成,不致偏廢。

5.教學安排應以學生興趣為出發點,可使學生在學習上較能持之以恆,較能達到工作專注的目標。

6.獨立研究和小組研討並列,使學生習慣於團體歷程,做為未來從事研究工作或參與公共事務之準備。

7.重視人的研究,使能見賢思齊。

8.重視權利和責任的教學,使資優生了解能力越大越應該為社會做更大的貢獻。

二十二、整合式資優教育方案

㈠模式簡介

本方案是由克拉克博士(Clark, 1986)所設計。他認為資優生比一般學生具有較大的發展潛能,必須給予適當的發展機會,然而要發展其最大潛能必須以統整方式進行方可奏效。克氏認為任何學科或學習領域應包括思考(認知)、情感(情意)、生理(感覺)及直覺(創造)四方面(如下頁圖4-15)。其要點如下:

1.思考的功能包括分析、問題解決、循序、評估等左腦功

圖 4-15　整合式資優教學模式示意圖

能，以及空間、定形等右腦功能。高層智慧需要加強分析活動，以助長複雜思考活動。提供刺激豐富的環境可以增進概念化、類化及抽象推理之能力。

2.情緒的功能可以影響大腦的每一部分，調節側葉的生化作用，可以助長或抑制思考功能，故學業活動應和情緒成長並進。

3.生理的功能包括身體的動作及五官的活動等。吾人藉感官以了解世界，身心統合以了解實體，故身心整合式乃是整合式教育模式之要件。

4.直覺的功能不同於推理的功能，但非相對於推理（Jung, 1933）。人皆有之，但各有不同。常知其然但無法告知其所以然。是大腦的高度綜合功能，對某一概念的直觀了解。善用直覺功能常有功能概念的整體理解及創意的發現。

實施整合式資優教育模式應注意下列：

1.提供可反應的學習環境：家長及教師必須具有嶄新的、支持的態度，鼓勵兒童多參與。此種學習環境具有下列特色：

⑴師生或親子共同設計、實施及評估學習活動，建立開放、尊重及合作的師生或親子關係。

⑵提供刺激豐富的材料，允許實驗、操弄。

⑶彈性、整合式的課程。以兒童的需要及興趣為基礎。

⑷盡量減少團體教學，允許小組或個別學習活動。

⑸鼓勵學生主動參與。

⑹以評估、合約為手段，以兒童成長為目標。

⑺教室活動應包括認知、情意、生理及直覺等四種經驗。

2.練習放鬆並消除緊張，以助長學習。

3.善用身體動作和經驗輸入，以整合學習活動：研究大腦者發現身體動作有助於學習。以身體動作體驗抽象原理，有助於對於概念的理解。

4.運用助長性語言和行為促進學習：以語言助長學生學習活動，以行為支持其學習活動。

5.增進學生對自由選擇和行為控制的認知：讓學生了解其對學習活動有選擇的自由，協助其做明智的決定。也了解行為控制的條件，有助於學習經驗。

6.提供複雜性、挑戰性的認知學習活動，有賴整合式的大腦功能。

7.運用直覺和整合式的功能，發展學習潛能。包括放鬆、執中、意像、肯定、積極、複雜、挑戰、直覺等策略。

㈡在資優教育上的應用

本方案係專為資優教育所設計，強調統整教學的作用，實為

資優教育工作者的良策。課程安排時，宜注意四者之統整，避免
授予零碎知能。

第 *3* 節　*資優教學策略*

　　雖然許多教學策略都可以用來教導資優生，但其中有些可能
較其他更適合於資優教學。其主要考慮之點乃在於學習成就、學
習動機和終身學習等三方面。

一、學習成就與教學策略

　　資優教學策略的選擇應以如何提昇資優生的學習成就為第一
要務。否則就演變成高智商低成就的學生，不僅浪費才能，也可
能為求其他成就表現而誤入歧途。因此，提昇資優生的學習成
就，須考慮幾個層面。

　　㈠學習成就因教師的重視和學生的特性而有差異。有些強調
課堂上的成就，有些著重創造力的培養，有些注重思考力的訓
練，有些特別重視情意的教育。由於資優教育重點之差異，其教
學策略之選擇也有所不同。例如重視產出性能力者，其教學策略
將不同於重視理解的能力。（附錄一可以協助資優教師自行診斷
教學型態是否合乎資優教育的原理。）

　　㈡其次，教學策略的選擇也和教學主張有關。

　　主張講授法者相信「教師教學生學」是好的方法。而結構主義者則主張，知識並非學生從外在加以吸收，而是學生在探究、發現中建構了自己的知識。

　　梅克爾(1982)根據 Gallagher（1985）和 Renzulli（1977）的理論，主張將教學做環境、內容、過程和成果等四方面的改變，以應資優教學之所需。雖然教學內容的改變至為重要，但只有改變教學內容還是不夠的，必須配合其他三方面的改變才能發揮最大功效。

　　威廉氏（Williams, 1972）在其認知──情意教學模式中提出了十八種教學策略，即直覺表達法、矛盾法、歸因法、類比法、差異法、激問法、改變法、隨機法、探究法、曖昧容忍法、習慣法、調適法、創意研究法、評估法、創讀法、創聽法、創寫法、觀想法等。可以配合藝術、音樂、自然、社會、數學和語文等課程編訂適合資優生的課程。

　　在教學策略上，常有講述法和問題中心法之爭論，前者認為人類文化材甚多，因為學生要自我去探究教材並非易事，在時間和精力上都不允許。許多方法如探究法等都是好方法，但都不如講述法來得經濟有效。這種方法屬於注入式（imposition）的方法，教學的責任是「教師教學生學」，學生可能只為取悅教師而學習，其答案也只是希望符合教師的答案。至於問題中心法又稱為協商法（negotiation）。Bishop（1985）界定為「目標導向的師生互動，雙方尋求目標之達成」。準此，教學目標不只是教師的目標，是師生協商下的目標，學生自行發現問題，在師生互動下，自行尋求答案。此種方式較適合資優生的教學型態，威廉氏

認為前述十八種教學策略中，以矛盾法、差異法及問題解決法最適合資優生的教學需要。

㈢問題解決法乃是解決差異的過程（a prosess of resoluting discrepancies）。Sigel（1984）認為智能發展乃是一種認知差異並能解決差異的一種過程。例如：兒童對於氣溫的研究發現冬天和夏天不同，再經深入研究發現冬天和夏天氣溫的不同，乃由於太陽的直射和斜射所致。由於資優生較能認知問題之所在，且能探究其解決之道，所以較適合採取問題中心法。

㈣個別化的教學策略，資優生在能力、知識、反應和學習型態上均優異於普通兒童，但仍有相當的個別差異。有些資優生不善於四則運算，但能用各種方法探究問題中的變項關係。資優生善於運用各種思考方式，教師應給予各種機會運用其各種思考能力，發展不同的潛能，以發現差異，解決問題。

二、學習動機與教學策略

兒童學習的成敗，動機是重要因素，資優生尤然。給予資優生選擇學習活動的機會，他將可以選擇適合其難度的學習工作，因而產生極高的學習動機。一般而言，動機包括工作、自我和外在三種。具有工作動機者強調工作或非自我，則學習本身就是目的，而非顯示賢愚。自我動機者以關心自我而非學習成果，其目的在避免被認為愚笨。外在動機者為獲獎或免受罰而學習，或要取悅教師而學。若此，則學習成為達成目的之工具，而非目的本身。如何讓資優生的工作動機、自我動機和外在動機能相輔相成

平衡發展而不互相抵銷是非常重要的。

㈠如何激發工作動機減少競爭憂慮，然處在資優班級中，資優生常常由於過度競爭而有較低的自我觀念。過度競爭的結果，使資優生較傾向於自我動機或外在動機而無法產生工作動機，惟有減低競爭，激發工作動機，才能減少焦慮。

合作學習是提昇工作動機的好策略，常常可以助長問題中心的學習。Noddings（1985）認為小組問題解決的學習策略有下列優點：(1)同學相互激盪思考；(2)互助的解析問題；(3)向同學解說問題，因而自己更清楚問題所在；(4)互相學習有用的方法；(5)合作經驗增進動機；(6)可相互激勵；(7)促進智能成長。

㈡注重資優生的學習環境以觸發其自我學習動機，資優生的學習環境應具有下列特質：(1)學生有內控感和自我選擇感；(2)內發興趣的學習；(3)與實際生活相結合而非只是學校活動；(4)真正尋求意義、理解和解決之道；(5)強調發現的過程。

探究法對資優生而言是一種很適當的方法，其主要技巧包括討論、角色扮演、發現法、探究活動、小組研究、遊戲、模擬、歸納、演繹、評判性思考、典範良師、實地研究、實驗研究、利用圖書館、個別教學、問題解決、未來研究等。這些教學策略可以達到下列資優教育目標：(1)教授廣域的概念或原則，(2)發展廣域的思考技能；(3)自我學習；(4)內在動機。

㈢多鼓勵、協助發表是增長資優生外在動機的教學策略，期望教學為激發資優生學習動機，可考慮採取下列教學策略：

(1)多採用發現法、討論法、小組問題解決法，少用講授法。

(2)教學策略需符合教學內容。如科學宜用小組問題解決法、

外語用練習法。

(3)協助資優生發展自己的推理策略和多樣的思考方式。

(4)允許學生自由思考。

(5)允許學生採用適合的學習型態。

(6)強調合作學習而非競爭。

(7)提供激發自我動機的學習環境。

(8)少機械練習。

(9)依資優生不同需求給予不同學習活動。

(10)鼓勵學生自訂目標，自行決定達成目標之途徑與方法。

(11)多鼓勵，少責罰。

(12)給予自由發表的機會。

(13)協助學生成果展示。

(14)與實際生活相結合的活動。

三、合作學習與教學策略

除上述學習成就、學習動機與終身學習外，資優生宜特重合作學習，以增進其合作的態度與能力。

合作學習的策略原應用於異質團體，使不同程度、不同專長者各蒙其利。鄭月嬌（民 83）採取其精神設計小組探究式合作學習的策略用以教導資優生，尚具成效。其主要步驟如下：

㈠界定研究主題並組織研究小組

1. 教師介紹主題；2. 學生選擇研究次主題；3. 公布主題和次

主題；4.歸納並重新分配

　　㈡提出小組研究計畫

　　㈢蒐集資料

　　㈣進行研究

　　㈤撰寫報告

　　㈥呈現最新報告

　　㈦評鑑成果

　　以上合作學習策略可用於資優生的小組學習和專題研究方面。

四、終身學習與教學策略

　　資優教育的最終目的是要培養資優生成為一位主動的終身學習者。因此，教學策略應和終身學習結合在一起。不僅要強調「學習如何學習」的學習方法，而且要發展自己的學習策略，尤其使其有持續成長的意願和永續有效的學習方案。

　　資優生在學習過程中和生涯發展過程隨時都有改變的可能性。尤其時代進步太快，必須隨時自我成長，否則很難適應新工作的挑戰。

　　吾人常說：「活到老學到老」，西方人說 "Never too old to learn."

　　然而不可諱言，今天是一個知識爆炸的資訊時代，龐雜的資訊，浩瀚的知識，大大的改變了人們的生活型態，所以學習的方式應隨之改變，為發展資優生終身學習的策略，應掌握以下的幾

個要項：

1.資訊管道的暢通

掌握資訊是學習的必要充分條件，每個人除了瞭解資訊之外，都要會使用電腦，會操作通訊且具有線上檢索的基本能力。

2.多媒體利用代替了書本

螢光幕快速的呈現資訊，比印刷的書本來得有效率。隔空教學是重要學習的方式，目的在於開創一個更自在、更方便、更自我的學習空間。

3.學習內容重視選擇

因資料龐雜，所以，選擇正確的資訊比看了一大堆垃圾文字重要得多了。

4.重視獨立學習

資訊時代更需要自己學習摸索，講究求知技巧並培養明辨是非及判斷的能力。

5.重視統整的技巧

資訊多、快、雜，學習方法就要注重統整的技巧，不是支離破碎的記憶而是要應用思考的技巧。

資優教師為了達到終身教育的落實，教學資優生的原則首在①認同自我學習的重要性，②減少其獨立學習的挫折，③協助其規劃設計學習，④引導永續有恆學習。因此，終身教育的教學策略，著重在內容、方式、方法上的運用。

1. 分化學習的策略──選編教材時，注重分化學習，使能精緻有效。

2. 階段學習的策略──每個學生有其階段性的學習，注意其

生、心理發展的關鍵期各有其不同的學習重點和內容。

3.合作學習的策略——重視同儕、親子之合作和異質團體合作學習。

4.分享學習——善用讀書會，使成員彼此分享。

5.獨立學習的策略——求得知識的方法，要熟練，以減少學習挫折，並使資料快速完整，正確的獲得。

6.系統化學習的策略——有系統地安排學習資訊和活動。

7.規劃生涯學習的策略——生涯發展應有規劃性。

8.計畫研究學習的策略——有計畫地進行研究也是終身學習的一種方策。

9.資訊媒體化學習的策略——利用媒體獲得資訊，方便又有效。

10.統合教學的策略——生活經驗是整體的，故終身學習宜以統合方式進行。

第 4 節　資優教學方案設計

一、基本架構

設計資優課程教學方案和設計普通課程的教學方案，在原理、原則和形式上並沒有很大的差異，資優課程之所以被稱為區

分性課程主要的還在於課程設計過程中的實質層面。下列資優課
程教學方案設計模式（參見圖 4-16）係依據 Kemp（1977）及
Van Tassel-Baska（1988）的模式所設計的。可供資優教師設
計資優課程教學方案時參考。

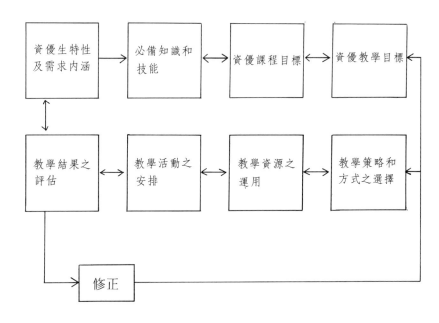

圖 4-16　資優教學設計架構

㈠確定資優生的特性與需求內涵

所謂區分性課程乃是針對資優兒童的特性及需求來設計的。

因此，設計資優課程教學方案時，首先應考慮資優生的特性及其需求內涵，這些特性和需求決定了資優課程教學方案的內涵，包括內容知識、過程技能、學習成果和重要概念等。

1.內容知識

內容知識決定了研究領域，也構成了課程經驗的廣度與深度。內容知識越窄、研究深度將越深，反之，則越廣，越不深入。決定內容知識可依據下列準則：

(1)重要性及價值性：是否係該發展階段最重要且最值得培養的內容知識？

(2)複雜性：是否具有足夠的複雜性？

(3)相關性：是否與實際生活情境具有關聯性？

(4)趣味性：是否合乎資優生的興趣？

(5)可教性：是否可以透過教學有效地教給資優兒童？

2.過程技能

資優課程應重在培養資優生高層思考技能和獨立思考能力，且使其能由某一課程遷移至另一課程，由某一情境遷移應用至另一情境。過程技能的課程安排不只是某一階段時間的學習工作而已，應是由小到大全程的學習。例如問題解決技能並不是到大學才培養，而是應自小學開始，一直延續到大學，甚至一生都需要增進問題解決的能力。又如字彙能力並不是只有小學生才需要發展，到了高中、大學仍然需要發展。因此，過程技能應自小學至大學安排適當的範圍和程序，循序漸進，才能在進入就業或研究工作前準備好大部分的過程技能，然而就業之後，仍需繼續增強此能力。過程技能之教學宜注意下列幾點：

(1)界定清楚：所要教導的過程技能為何？

(2)由小到大持續教學：從基本過程技能教起。

(3)可融入各科教學中也可單獨密集訓練，且以二者兼施為宜。

(4)由小學至大學安排課程範圍和程序。

(5)教師在班級教學中應加以示範，使獲得正確方法。

(6)教師可用做發問技能。

3.學習結果

課程設計也應考慮學習結果的安排。例如，學習結果究為核心活動或是綜合活動，究為集體成果還是個別成果。下列有關學習結果的問題可供安排課程教學方案之參考：

(1)獨立研究宜何時實施，如何進行？

(2)在某種情境下一組資優生是否可以有同樣的學習成果（例如寫同樣題目的作文）。

(3)資優生的研究計畫應如何選擇？學生可以依各人興趣自選嗎？或是由教師提出若干，再由學生從中選取？

(4)在學習成果的發展過程中，究以何種教學方式較為適當？歸納法或演繹法？小組或個別方式？

(5)學習的結果除完成研究計畫外，尚可獲得何種新知能？

(6)在從事研究計畫時，校內外的時間應如何分配才算恰當？

4.重要概念

資優課程應以教導學生重要概念為要務，事實的學習應以能形成概念為要旨。重要的概念應是可以普遍用之於各學科各知識領域的。其課程設計與教學安排至少有下列二種：

甲、第一種方式：從重要觀念出發。

Ａ、教學程序

⑴先選取若干重要觀點如「改變」、「民主」、「正義」、「榮譽」、「自由」等。

⑵研討適當的教學內容。例如「民主」的真義為何？教些什麼內容？

⑶選取適當教材和教具以利教學。

Ｂ、例如：重要概念為「正義」

⑴重要命題

①法律是文明社會代表正義的一種形式。

②為了達到正義的原則，法律應由熟悉人類情境和條件的人來解釋。

③一方的正義就是他方的懲罰。

④人類行為總是在守法和違法之間徘徊。

⑤正義始於尊重他人的權利。

⑵教材與教具

①影片。

②書籍：小說、短文、詩歌等。

③參觀法院。

④法律講座。

⑤訪問法律人士等。

乙、第二種方式：從現有教材出發。

Ａ、教學程序

⑴從現有教材中找出一些重要觀點

(2)決定何者可以深入研究

(3)選取補充教材以利深究

　B、例如：重要觀念為「冰河」

(1)主要命題

①冰河會在歷史過程中一再消失一再重現。

②冰河會在地表留下刻痕。

③由於地心引力，在雪線之上會形成雪田。

④不同時間會在不同的地表上出現。

⑤氣候對環境之影響如何？

㈡分析必備知能

　　確定前項資優課程教學方案的需求領域和內涵之後，必須依據各領域分析必要之知識和技能。哪些領域中的哪些必備知識和技能是在哪一發展階段中必須加以培養的。如何透過工作分析和概念分析，以確定這些知識和技能的階層性，其和各年段配合的情形如何？要求達到何種精熟程度。

㈢擬定教學目標

　　必備知識經分析後，可以做為擬定教學目標之參考。教學目標之訂定，應包括認知、情意和技能三部分。必要時，也應提出一般目標和行為目標，以求完整。教學目標可做教學和評量之依據。

㈣選擇教學策略和方法

　　訂定教學目標之後，配合資優生起點行為之觀察，決定教學
內容，進而選定適當教材，依教學內容之性質，採取適當之教學
策略和方法。

(五)運用教學資源

　　欲教學有效，必須選用可用之教學資源，尤其資優生吸收能
力強，興趣廣，接觸面大，必須充分運用社會資源才能滿足其學
習需求。

(六)實施教學

　　上述教學目標之擬訂、教學內容和教材之適合，和教學方法
和資優資源之運用確定之後，便可安排教學活動。第二節所列各
種教學模式，可供參酌採用。

(七)評量教學結果

　　評量宜針對教學目標，可實施形式性評量或總結性評量。評
量方式宜採多樣化，評量結果宜以適當方式呈現。

(八)銜接與修正

　　教學設計應是一連續不斷循環的過程。前一單元的結束正是
後一單元的開始，前一單元的經驗正是改進後一單元教學的最佳
參照點，前一單元未完成之教學可以延續到下一單元來實施。

二、教學設計類型

　　資優教學的活動設計，依其安置方式之不同而有不同的設計型態。採完全混合安置方式者，資優生全部時間均與普通同學一齊學習，由原班教師任教，在原班調整教學內容予以充實。此時，原班級的教學活動設計可以採用，惟為滿足資優生的特殊需求和能力發展，可在教材內容的深度和廣度上予以增加。此可稱為原班充實方式。其次，教師也可修正原教案，一方面可適用於普通班學生也可適用於資優生，此方式稱之為原案修正方式。若資優生接受資源教學的服務，資源班教師可與原班教師配合，以原班教導為基礎，給予適當的充實修正。如此，原班教師可以原案教學，資源班教師可以修正過之部份教學。也可由資源班教師準備適當教材，提供原班教師在原班教學時可以顧及資優生的需求。資源班教師也可以自行設計教學活動，其內容最好能與原案相配合，以收相輔相成之效。此種教案之設計並非全案，而是依重點之不同而做適當設計，可能是一、二節課可以授完，也可能要一、二週或數週（如專題研究等）。如果資優教育採取週末或夏令營型態，則可單獨設計活動，以能完全涵蓋完整概念或獨立內容為要。至於資優特殊班則可依普通班之課程內容做獨立性的資優教學活動設計。甚至可超越普通課程而做個別的教學活動設計，以適應資優生個別的特殊需要。

㈠原班教案

　　資優生安置在普通班和普通兒童一同學習,沒有特殊安排的資優教師協助輔導,此時大多數原班教師都會採取原班教案。一般而言,原班教案大多偏重低層次思考能力之教師,活動方式也比較固定不變。資優生在此種教學活動下很快就可以精熟教學的內容。教師若一定要他和其他同學採取同一學習速度、學習同一內容,則資優生常常因而失去學習興趣,情況好者會為了討好老師而耐心跟從。情況差者會發生許多越軌行為。原班教師若具有資優教育的理念,可採取下列方式:

　　1. 讓資優生擔任小老師指導其他同學。

　　2. 在教學中讓資優生提出高層思考的問題。可採用 Bloom 的方法將知識性的問題轉變成理解性、應用性、分析性、綜合性或評價性問題,如此,也可以增進其他同學的學習機會。例如:「三角形三內角和為 180°」此係知識性題目,教師可提出「為什麼三角形三內角和為 180°」,以提昇思考層次。

　　3. 由教師安排或讓資優生自行選讀相關讀物,在課堂中提出報告。

　　4. 允許資優生做不同的作業,或是以不同的方式來完成作業。例如:普通兒童以練習生字新詞為作業,資優生可將這些生字新詞編組成文句或文章。

　　5. 同意資優生對於已熟讀的課自行進行學習活動。

　　6. 如果家長教育程度高,有教育理念,又願意配合,則不妨讓家長自己決定替代性作業。

　　7. 同意資優生以不同的方式提出作業成果。例如普通兒童的作業是要以書面報告提出,教師可讓資優生以戲劇的方式提出。

(二)修正原案

教師若接受資優教育的課程訓練，仍有可能讓資優生在原班級受到適當的資優教育。級任教師可在專家指導下，以符合資優教育原理的方式修正原班教案。其修正方式有兩種：一種是以加深或加廣的方式增入原班教案中，這些新增教材只給予資優生學習，其他學生可以不做。有些雖然也可以同時學習，但成果不一。第二種方法是以 Meeker 所提的適異性教學設計原理來修正原班教案，如下頁參考實例(一)，其中虛線框表示修正部分。

其次也可以依據 Bloom 的認知目標分類法提昇思考層次。

(三)資源班修正教案

前述修正原班教案是由原班教師來做，本節強調由資源班教師配合原班教案修正之，並由資源班教師來教學。此種修正方式較採重點式編修。儘可能與原班教學相配合，但非絕對，易言之，聯絡中具有獨特性，如參考實例(三)。

(四)資源班特殊教案

資源班教學除與普通班儘量配合外，也可以為學生的特殊需要設計資源班的特殊課程，由資源班教師施教。例如：教導特殊技能或獨立學習。

(五)資優班教學活動設計

由於資優班可以單獨發揮功能，所以其教案可以自行設計。

教學日期	82年5月10日
教學年級	三年級
教學單元	第十四課　螳蜋專家
教材來源	國語課本（三下）第六冊
設計者	姓名　楊淑芬
教學者	姓名　楊淑芬
原任課老師	陳曉瑩老師
實習指導老師	莊貞銀老師

教學時間　六節　240分鐘

教材研究

一、本課是書信的文體（應用文）。以報導研究螳蜋的動機、經過及結果為主。

二、本課是麗雲寫信給美雲同學的回信；同學間保持書信往返，可增彼此間的感情。

學生經驗

一、日常生活中觀察的小昆蟲等。

二、小朋友平常有寫過書信的經驗。

單元目標

一、輔導兒童研讀本課課文、學習書信的格式及研究報告的方法。

二、輔導兒童研究深本課中記述事務的句子，並能練習應用。

三、輔導兒童研究深本課內容，激發研究的興趣。

節	分	各　節　重　點
1	40	1. 研討生字及新詞、概覽課文
2	40	2. 研討各種問題，深究課文中的含義。
3	40	3. 研討課文旨意
4	40	4. 說話練習
5	40	5. 作文習寫
6	40	6. 寫字教學

教學重點

一、輔導兒童研讀課文。

二、輔導兒童研究深究課文。

三、輔導兒童深究課文語句。

四、輔導兒童課習報告和寫作。

教學資源

1. 指引「補充教材」
2. 中華兒童百科全書。

教學聯絡

1. 配合自然科「養蠶」的實驗。
2. 配合美勞製作詞卡。

具體目標

一、輔導兒童研讀課文、能以報告研究螳蜋的經過為寫重點、摘取課文大意和解釋詞義。

二、輔導兒童研究深課文內容，能領悟研究工作的樂趣和應有的態度。

三、輔導兒童研究本課中報告事物的句子，並能應用。

四、輔導兒童能根據學習的經驗，練習報告和寫作。

具體目標號碼	教　　學　　活　　動	時間分配	教學資源	效果評量	備註
	一、準備活動 (一)老師準備：輔導兒童抄錄蟋蟀的報告，每組分配一至二題，作為報告的材料。 (二)學生準備： 1. 蒐集蟋蟀各種的生態圖片或捕捉蟋蟀。 2. 分組抄錄報告的參考資料。 3. 預查生字難詞，認識形、音、義，並了解新詞的意義及用法。			學生能預先查好部首、筆劃音、意義。	將兒童分組查總蟋蟀的資料，並寫成書面報告，於課前張貼教室四周。
第一節	二、發展活動 (一)概覽課文： 請兒童先閱讀課文，再由全班大聲朗誦一遍。 (二)試講課文內容： 指名幾位學生，詳述課文內容後，師生共同討論文中的人、物、地點、時間，以及發生了什麼事情。 (三)說說大意 (四)研討生字新詞一詞的解釋及生字的音、形、義。 1. 蟋蟀——圖片說明（若有實物更佳） 2. 問題——需要研究或討論的事。	5分鐘 10分鐘	蟋蟀圖片一張 課本 板書	教師提出問題幫兒童歸納大意： 1. 這是什麼形式的文章？ 2. 要報告什麼事？ 3. 知道什麼事？	

1. 用圖片、實物、舉例表演
2. 將字詞分類，並說明分類依據。
3. 找出同音字
4. 找出同意部音的字
5. 詞意畫腳精字詞
6. 比手畫腳表演
7. 詞尾接龍表演
8. 數個字或數個詞連造聯想
9. 字形來．心
10. 文字加減法紀一系十音二記采、蟲、蟋蟀三虫，

能夠回答
老師所問
的問題

△寫信要注意哪些事？稱謂、祝福語、署名。
△稱呼母親可以用什麼解決。
△當你發現有問題如何解決。
△要研究一件事可從哪些地方來著手？
△除了課文中所提，你認為還有哪些有關於蟋蟀的事值得研究？
△他們起在校園裏看到蟋蟀，引起他研究動機，你生活四周是否有值得研究的事。
△分組選課提出說明。於討論課提說明他們。

	板字 書典		
20分鐘			
3分鐘			
12分鐘			
25分鐘			

3. 觀察——對人或事物仔細的看。
4. 記錄——把事情的經過一一的記下來。舉例說明。
5. 植物——實物說明。
6. 嫩芽——實物說明。
7. 卵——實物或舉例說明。
8. 莖——實物說明。
9. 脫——舉例說明、實演。
10. 其實——舉例的意思，舉例說明。
11. 摩擦——實在的意思，表演。

(五)試讀課文。
(六)作業活動：習作(一)、(二)、(三)項
(七)深究課文內容答：
1. 麗華為什麼要寫給美？
2. 麗華接到美雪的信，為什麼覺得非常高興？
3. 麗華要班上的同學為什麼要研究蟋蟀？
4. 他們請教老師，老師為什麼不回答問題，而要他們動手去研究？
5. 研究一件事情，為什麼要記錄？
6. 你是不是也想根據蟋蟀吃呢？去哪裏找？他們喜歡吃什麼呢？
7. 你對蟋蟀的習性或特性懂了多少？為什麼？
8. 麗華稱的張伯伯、張伯母是誰？為什麼認識他們？

第二節

具體目標號碼	教　學　活　動	時間分配	教學資源	效果評量	備註
第三節	(八)研討課文旨意： 1.小段大意： 　(1)稱呼、稱謂：姊 　(2)正文 　　①麗華向美麗姊報告研究蠶蜂的事情。 　　②打掃校園時，發現蠶蜂、引起對蠶蜂的好奇。 　　③聽了老師的話，就和同學研究蠶蜂。 　　④現在已經了解蠶蜂的各種習性。 　　⑤希望美雪常來信，並代伯伯父母問好。 　(3)祝福語：快樂。 　　署名：姝麗華、日期 2.分段大意： 　(1)稱呼 　(2)正文 　(3)祝福語、署名、日期 3.綱要： 　(1)稱呼 　(2)正文 　　①寫信的目的 　　②研究蠶蜂的經過	10分鐘		試說心得 能了解書信的用法。	

節次	教學活動	時間	教具	評量
第四節 第五節	③希望 (3)祝福語、署名、日期 4.主旨：藉著麗華寫給美雲的信，報告她一年來研究蟋蟀，的經過，使我們領悟出研究事物要專心、細心、專注，並做成記錄的應有態度和樂趣。 發表感想。 (六)作業活動：習作第四項。	10分鐘 10分鐘	課本	能了解課文主旨及改變學習態度。
	三、綜合活動 (一)說話練習──復問課文結構 (二)作文習寫 1.提出主題──養××記。 2.教師行間巡視。 3.收集作品，課後批閱。	40分鐘		
第六節	(三)寫字教學： 1.提示範字。 2.共同討論。 3.指導運筆。 4.各自書寫。 5.收集批閱。 6.欣賞批評。	40分鐘		

附註（對應「習作第四項」）：

練習換語詞
1.昨天接到你的信，非常高興。
2.我們分頭去捉蟋蟀，養蟋蟀。
3.我們細心的觀察並且把蟋蟀捉下來，分辨破的音字並造句。
1.女 2.教 3.長 4.覺 5.相

附註（對應「復問課文結構」）：

1.複述本課大意
2.複述本課綱要
3.分組報告研究昆蟲的結果
4.提出疑問

附註（對應「提出主題──養××記」）：

1.題目：研究××的經過。
2.討論寫作大綱：
△為何想要研究
△研究的重要事物
△研究的經過
△研究的結果
△對整個過程的感想

參考實例（二）（註：黑色字為原教案，虛線內係修正教案）社會技能課程教學設計

教學單元	為我們服務的人	教材來源	社會課本第四冊、教學指引
教學日期	中華民國 82 年 6 月 15 日	教學時間	320 分鐘，分為八節課
教學年級	二年級忠、孝班	教學者	林秀慧（李奇論提供）

教材分析

一、單元之設計，是以兒童對生活環境為基礎，旨在擴大其對日常生活環境中各項服務人員之認識，以培養善用各項設施的能力及對各項服務人員應有的態度。

二、本單元共 320 分鐘、八節課，此次教學為最後一節課，重點在心得發表，包括分組活動、演戲、童詩、資料的成果展現，並表達對服務人員感恩之意，以求對本單元有一綜合而完整的概念。

單元目標

1. 了解為我們服務的人員及其工作。
2. 養成善用公共設施的能力。
3. 養成對為我們服務的人員應有的態度。
4. ……

具體目標

1-1 能說出在校為我們服務的人。
1-2 能說出日常生活中為我們服務的人。
1-3 能說出為我們服務的人的工作。
1-4 能分辨為我們服務的機構的標誌。
1-5 能說出為我們服務的人員與我們生活的關係。
2-1 能正確投寄郵件。
2-2 會正確利用公共電話。
3-1 能向為我們服務的人表達感謝。
3-2 能和為我們服務的人合作。

教學目標代號	活　動　過　程	教學資源	時間分配	效果評鑑
	一、準備活動： 教師事先分好組別，把全班分為 6 組，依資料蒐集、童詩、演戲的表演方式，分別設計發表內容，教師並從旁協助輔導各組。發表內容限定「為我們服務的人」。 二、發展活動	發表方式多樣化		

目標	教學活動	教具	時間	評量
	1. 請各組兒童發表其準備內容。 2. 兒童發問 3. 教師歸納 　由兒童歸納，教師從中加以輔導		15'	觀察
1-2	(二)問答 日常生活中還有哪些為我們服務的人？ 受人服務的時候，自己有什麼樣的感覺？	板書	10'	問答
	(三)說明 教師教導兒童分類概念。 各組討論分類的必要性，分類的好處？ 各組討論可用的分類方法，分類的依據、標準。	長條		
1-2	(四)應用 1. 教師假設一個火災情境 2. 請兒童發表從火災發生到後現場災後處理所需之服務人員，並說明理由 如果你在現場，你能做哪些事可減輕災害可能損失？ 3. 教師歸納，最後再由教師補充。 各組做歸納	長條	10'	問答
3-1	三、綜合活動 (一)討論 1. 我們如何對服務人員表達感謝？ ①為什麼要對服務人員表達感謝！ ②表達感謝的方法……？ ③評鑑感謝方法的優劣。 2. 你如何為別人服務？①為別人服務的時候，自己有什麼樣的感覺？ ②當別人感謝你的服務的時候，你覺得如何？如何反應呢？ (以下視時間而定) (二)習作活動 請兒童將習作三生活環境中為我們服務的人加以歸類。		5'	問答

茲採克拉克(Clarks)的統整教育模式來設計國中英文教學如下：

資賦優異兒童教學方案設計

單元名稱：麥當勞大餐

壹、教學模式

1. 依據 Barbara Clarks 之統整教育模式（Integrated education model）而編定。

2. 配合其他教學模式。

貳、適用對象：國中英語資優班學生。

參、適用科目：英語。

肆、教學目標

1. 以大腦生理學的原理為基礎，強化大腦皮質的認知區（Cognitive）、身體／感覺區（Physical/Sensing）、情意區（Affective）及直覺區（Intuitive），並將此四部分統整到教學活動中。

2. 認知部分：學習英文單字，並發出正確的唸法。

2. 直覺部分：利用視覺化的效果來作聯想。

4. 身體／感覺部分：發展手眼協調之能力。

5. 情意：根據學生所喜愛的主題及事物涵蓋在學習活動中。

6. 統整教育之基本模式。

認　知	直　覺
學習英文單字，並正確唸出	利用視覺化的效果來聯想
身體／感覺	情　意
發展手眼協調之能力	依學生所選所愛之事物涵蓋在學習活動中

伍、教學活動

1. 時間：一節課（40～50 分鐘）。

2. 教具：長柱形筆筒數個、麥當勞彩色食品目錄紙數張、膠水、剪刀、套環。

3. 教學方式：個別教學或小組教學。

4. 教師角色：示範者、促進者。

5. 教學步驟：

肢／感　　　(1)令學生將麥當勞食品目錄上，較具代表之餐點剪下，並將之貼於筆筒上。

身／感　情意　(2)將貼好之筆筒橫排放好，令學生站在筆筒前一公尺處，每一位學生拿三個套環，往前投擲，圈選出自己最喜歡吃的三樣餐點。

認知　　　　(3)根據所圈住的餐點圖片筆筒，拼出其英文單字字母，並唸出來。

認知／直覺　(4)請學生閉起眼睛來想一想，其他五種與所選中的餐點，性質相類似的餐點其英文單字之拼法，然後睜開眼睛拼出其字母並唸出來。

陸、評鑑

1. 活動結束的那個星期日，帶學生到麥當勞店，實際觀摩，復習所學過的有關英文單字。

2. 根據所點的餐點，拼出五種其他性質類似食物之英文單字，並唸出。

3. 寫一篇「麥當勞店一日遊」之英文作文。

柒、總結活動

1. 要學生展示他們在單元活動中，所搜集到的英文單字。

2. 繳交「麥當勞店一日遊」之英文作文。

附錄一 教學型態評量表(甲)

請就下列各題選出您是否(1)完全採用(2)經常採用(3)偶而(4)很少(5)
從未採用,並在左邊相當欄內打「∨」。

	完全採用 5	經常採用 4	3	很少採用 2	從未採用 1
(1)培養學生產出性思考技能	□	□	□	□	□
(2)加強應用和關聯的學習	□	□	□	□	□
(3)著重概念和類化的學習	□	□	□	□	□
(4)授予複雜性較高的思考教材	□	□	□	□	□
(5)培養再生性思考技能	□	□	□	□	□
(6)著重經驗的累積和反芻	□	□	□	□	□
(7)注重事實的學習	□	□	□	□	□
(8)依學生能力決定進度	□	□	□	□	□
(9)超乎一般的學習經驗	□	□	□	□	□
(10)授予較難的教材	□	□	□	□	□
(11)給予更多教材或作業方式	□	□	□	□	□
(12)依年級或年齡安排教學進度	□	□	□	□	□
(13)各單元有各別學習經驗	□	□	□	□	□
(14)學生接受所有學習經驗(教材)	□	□	□	□	□
(15)依實際或可能情況安排教材	□	□	□	□	□
(16)注重各單元教材的相互關係之探討	□	□	□	□	□
(17)注重批判性評價	□	□	□	□	□
(18)著重找答案	□	□	□	□	□
(19)依其原來之形式和內容安排教材	□	□	□	□	□
(20)著重找問題	□	□	□	□	□
(21)激發潛能和特殊才能	□	□	□	□	□
(22)壓抑潛能和特殊才能	□	□	□	□	□

教學型態評量表(乙)

請在下列各題中選擇和您的教學型態相近的項目，並將其代號(A)或(B)填寫在題號前空格內。

(　　)(1)教學時注重培養學生(A)產出性思考（不同於原教材的成果），(B)再生性思考（相同於原教材）。

(　　)(2)教學時注重(A)應用和關聯的學習，(B)學習經驗的累積和反芻。

(　　)(3)強調(A)事實的學習，(B)概念的類推。

(　　)(4)教育學生(A)較難的教材(B)較複雜的思考教材。

(　　)(5)教學進度決定於(A)學生能力，(B)年齡或年級水準。

(　　)(6)充實的方式採(A)加多教材，(B)超乎傳統學習經驗。

(　　)(7)教導學生(A)接受所有教材，(B)對教材加以批判性評價。

(　　)(8)對於各單元之間的教材(A)注重相關聯絡性(B)注重個別完整性。

(　　)(9)鼓勵學生(A)找問題(B)找答案。

(　　)(10)對於學生的優異潛能和特殊才能(A)加以激發(B)加以壓抑。

(　　)(11)教材之安排(A)依其原來形式和內容(B)實際或可能情況加以改變。

附錄二　領導才能訓練課程(溫怡梅提供)

單元(1)	成功經驗
單元目標	(一)認識自己的能力與性向。 (二)建立自信心,肯定自我。 (三)有具體方法,達成未來目標。
教學內容 與過程	(一)準備成功經驗表。 (二)說明什麼是成功經驗。 (三)填記自己從小到大的各種成功經驗。 (四)把成功經驗歸類。 (五)勾出重要的成功經驗,作爲努力的方向。 (六)廓畫出自己的成功車輪。 (七)擬定具體方法逐步達成未來的目標。

單元(2)	多、有變化、不平凡
單元目標	(一)知道每樣事物,均可從各種不同的層面、各種不同的角度 　　來了解與改變。 (二)能迅速反應、能借題聯想、創造出不平凡的主意來。 (三)知道領導者非常需要能變通的靈活頭腦。
教學內容 與過程	(一)由各種不同的鉛筆盒,互相比較它的用途與優、缺點。 (二)改進鉛筆盒的方法,可從那些地方著手? (三)每位學生設計一個自認爲理想的鉛筆盒。 (四)輪流發展自己的設計,供大家分享。 (五)整理出大家所改進的重點。 (六)檢討或補充使面面俱到。

單元(3)	腦力激盪
單元目標	(一)能在適當的團體氣氛中，提出自己的意見。 (二)能暫緩批評。 (三)能從別人的意見，產生聯想。 (四)能提出不同類別的意見。
教學內容 與過程	(一)教師需先把握團體氣氛──安全、接納、積極、合作等。 (二)說明腦力激盪的功用、進行時的原則及方法等。 (三)提出討論題目是「報紙的用途」。 (四)由教師板書記錄學生提出的各種不同的報紙的用途。 (五)練習把所有的用途，歸納分類。 (六)歸納後再允許大家補充。 (七)選出最不平凡的用途。

單元(4)	敏銳的觀察
單元目標	(一)能提高分析與推理的技術。 (二)能從各種事務中看出「共同性」與「相異性」。 (三)能以看、聽收集資料，更能親自觸摸，加以體驗。
教學內容 與過程	(一)推選一人當會議主席，一人當司儀，從實際主持會議中，練習觀察能力。 (二)教師在會議進行中，說明如何注意大家的表情、身體動作、發言的內容……等。 (三)練習比較兩張畫的相同點及相異處。 (四)試比較警察人員與飛車黨狂徒的相同點與相異處。 (五)實地參觀校長的領導及工友做事的情形。

單元(5)	消除偏差觀念
單元目標	(一)知道假訊息會產生偏差觀念的嚴重性。 (二)能嚴格要求遵守言語規則。 (三)能從多而真的訊息中，建立正確觀念。作適當決定。
教學內容 與過程	(一)分組給予不同的訊息後，分組討論同一主題。 (二)每人感受不同訊息所產生的不同結果，實際體驗如何在獲致假訊息後，形成個人的偏差觀念。 (三)提示若干「口頭禪」是領導人員千萬不要輕易說出口的，提醒自己不論是朋友交往、遊樂以及表現責任感時，均應避免說出下列話語：1.忙死了——感嘆自己何等無能而未能解決問題似的。2.沒有時間——這似感嘆自己無法安排時間。3.他不願意——這是感嘆自己沒有觀察別人的能力所說的話。4.沒辦法——似是感嘆自己走投無路了。5.情況不佳——似在感嘆自己不懂衛生與健康一般。6.我該怎麼辦——這是感嘆自己無能為力，惟有倚靠別人時才說的。 (四)遇到困難時，最好以「我想這麼做，你以為如何？」的語氣請教別人，表現負責任的態度。 (五)收集訊息可分三大途徑：1.透過大眾傳播——報紙、雜誌、書籍、收音機等。2.聽人家說的——演講、講義、聊天等。3.透過自己的五官，直接得到的。 (六)練習把訊息分類及分析而後作適當的決定。

單元(6)	批判性思考
單元目標	㈠能在腦力激盪後，選出最有遠景的創意並改進它。 ㈡能擷取新知識，並將它朝著自己認為正確的方向斷然付諸實行。 ㈢能避免獨斷、頑固、過分嚴厲的偏失，而虛心的比較所有收集到的證據後，考慮各種情況的可能性，研判選出能夠獲得支持的決定，這決定頗符合邏輯又是較佳的、可行的。
教學內容與過程	㈠說明「構思」與「批判」的程序，及批判的原則與方法。 ㈡提出腦力激盪的所有創意。 ㈢全體共同選出最具有遠景的創意，作為值得進一步探討創意，以建設性的批評：「這個創意我最欣賞的是……如果能……則是不是更好？」使之更完美、更切實際，並且構思實行的方法。 ㈣以共同參與的民主方式，針對討論過的創意，遵循邏輯方法試擬實行的方法與步驟。 ㈤依實行步驟擬出實行的評估標準。

單元(7)	組織、工作分配
單元目標	㈠了解他人的能力、專長、興趣。 ㈡了解各項工作性質、工作要點，需要那種能力的人較能勝任。 ㈢依工作性質分配適當人選。
教學內容與過程	㈠每人報告自己的專長、興趣。 ㈡每組設計一項團體競賽項目，擬出比賽規則，並作工作分配。 ㈢各組報告，分享設計，其他人提出詢問或補充。 ㈣每組預定編排一份刊物，試擬工作分配，列出工作項目。 ㈤分組報告，互為補充修正。 ㈥每組試擬一項大型會議的開會計劃。 ㈦分組報告，互相補充修正。

單元(8)	影響力練習
單元目標	㈠會用交換法、動情法、訴理法等請某人做某事，又能尊重對方。 ㈡會用兩全法調解雙方的衝突。 ㈢會用適當的發問技巧，澄清任何事情的原委，增強判斷力。
教學內容與過程	㈠說明領導人員在組織體系中，發揮影響力的重要。 ㈡區分「指使人」與「尊重人」的不同。 ㈢三人一小組，各自尋找一個對象，商量如何請他去做某一件事。若不肯則再商量改用其他方法。 ㈣舉實例說明雙方衝突的發生。 ㈤說明兩全方法可以調節衝突的原因與步驟。 ㈥提出一件爭議的事情，引導小朋友發問，以了解引起爭議的原因，澄清事情的全部。

單元(9)	多為別人設想
單元目標	㈠能猜想別人目前的困難和希望。 ㈡會消除雙方對立的爭執，使彼此擁有共同的立場。 ㈢在與人接觸及與人交談中，了解別人的感覺、意識和術語，使自己真正了解人們的需要。
教學內容與過程	㈠教師舉實例說明多為別人設想的好處與重要性。實例1.一位家庭主婦經營的搬家中心，能事先做好新居的消毒工作，並代送鄰居禮物。實例2.：戰鬥機設計師實地與飛行員生活在一起，了解其飛行操作的感覺後設計就符合所需。 ㈡敘述一段緊張危險的情況後，讓小朋友寫出遭難的是別人時，自己會怎麼做。 ㈢同樣的危難情景，若遭難的是自己時又將如何？ ㈣輪流報告自己的意見供大家分享。

單元⑽	傾聽練習
單元目標	㈠能集中注意力於對方的話。 ㈡能把對方的話一定聽完。 ㈢若沒聽清楚，會隨時反問。 ㈣會以主動傾聽行動引出對方的真意。 ㈤能邊聽邊揣摩對方的真意，給予回饋，澄清真意。
教學內容 與過程	㈠說明傾聽可以正確接受對方的想法的重要。 ㈡練習接電話時能「心無二用」，專注聽對方的話的好習慣。 ㈢說明一般人總把重要結論放在最後一句話，所以要注意聽完對方所講的全部內容。 ㈣舉例示範遇到對方說的話，有無法了解的，必須立刻反問：「剛才你說的意思，我還是無法了解，麻煩你再說一次，對不起。」 ㈤給予機會實地演練。 ㈥多用主動傾聽術，使對方說話更有勁，更說得清楚。 ㈦試著揣摩對方說話的真正用意。

單元(11)	擬計畫
單元目標	㈠知道我們做任何事，都要循著計畫→實行→檢討→改善等過程，並要活用以前的經驗。 ㈡知道計畫似是海上航行的船所不可少的海圖與羅盤針。它向大家明確指示方向與希望達到的目標。 ㈢會考慮工作目的、負責人、實施時間、達成期限、方法、費用等要件後，擬出一份工作計畫來。
教學內容與過程	㈠說明事情進行的順序，從擬定計畫、執行、評鑑檢討等過程循環不已。 ㈡檢討結果常為下次計畫的參考。 ㈢說明計畫時所要依據的兩大要項是努力的方向與將達到的目標。 ㈣分組試擬一份如何保持學校環境整潔的計畫，包括項目、工作細目、工作的負責人、實施時間、方法、欲達到的目標、獎懲方法等。 ㈤分享所擬計畫，相互修正與補充。

單元(12)	集中注意力訓練
單元目標	㈠能在規定時間內，迅速決定一個目標，全神貫注，戮力以赴。 ㈡在一週或一個月的規定時間中，定出必須完成的工作量。 ㈢會把自己的進步情形，加以比較，藉以提高工作意志。
教學內容與過程	㈠說明集中注意力專心做某事的重要與方法。 ㈡用數字法訓練視覺與聽覺的集中注意法。 ㈢用接近法練習集中注意力。 ㈣練習在緊迫的規定時間內，定下目標並努力完成。 ㈤練習擬一星期、一個月的讀書計畫。 ㈥定下進步的自我增強方法。

附錄三　小組探究式合作學習法教學活動設計(鄭月嬌提供)

主題：討論電動玩具概念	目標：界定研究主題組織研究小組

壹・引言：

　　小朋友，很多人的家裏都有電動玩具，每個人幾乎都有玩過電動玩具的經驗，尤其經過外面的電動玩具店，你是否發現到很多背著書包的小朋友逗留在電動玩具店，甚至於有些小學生邊走邊打掌上型的電動玩具。你曾想過：爲什麼他們這麼喜歡玩？爲什麼電動玩具會有這麼大的吸引力？今天我們就來試著探究這個問題。

貳・教學活動：

一・老師介紹「電動玩具」的概念

　　1.什麼是電動玩具？

　　2.電動玩具的種類有那些？

二・請小朋友根據教師所談的電動玩具的概念中，提出有關的問題，或是你最感興趣、最想知道的事。或是學生組成小組討論，再把這些問題報告給全班知道，例如：

　　1.電動玩具爲什麼具有這麼大的吸引力？

　　2.幾年級的小朋友最喜歡打電動玩具？

　　3.全校學生中喜歡打電動玩具的情形有多少？

　　4.是男生還是女生最喜歡打電動玩具？

　　5.爲什麼大人不喜歡我們打電動玩具？

三・教師把學生所提的相關問題，公佈給全班小朋友知道，並將這些問題印給每位小朋友便於討論。

四・共同討論將每一個問題歸納到不同的項目上，這些項目再以次主題方式呈現。

五・把這些主題公佈給全班知道，每個小朋友可以自由選擇他要了解有關電動玩具的次主題，並形成研究小組。但每組的成員以不超過4人爲原則，若該主題選擇的人數過多，可再分成另一組。

主題：動動腦	目標：計畫小組研究工作

壹‧引言：

　　小朋友我們在上次活動中，每個小朋友都已經選擇了自己的研究小組，也有了要研究的問題，如學校中喜歡打電動玩具的情形有多少？這次活動就要以你們自己的小組為主，去計畫你們的研究主題，來探究問題的答案，但有一點必須注意，每組的成員都要有自己擔任的工作，我們會以這項作為將來評鑑的依據。

貳‧教學活動：

一‧教師說明各小組活動應注意的事項：

　1. 小組必須一起討論該研究所要研究的內容，決定研究的方向，並共同填寫專題研究記錄表，記錄表的內容包括：研究的主題、研究所需要的工具及資源、預定開始進行的時間及完成的時間。

二‧小組進行活動，內容包括：

　1. 小組共同討論探究活動進行的程序。

　2. 共同填寫各小組的工作單，內容包括：各組成員的名單、所分配的工作（協調者、記錄員、小組組長、蒐集資料者）。每位組員都有自己的責任，各組的組員務必要遵守。

　3. 小組碰到無法解決的問題，可尋找協助的資源（如級任老師、科任老師、行政人員），也可請教其他小組。

三‧學生進行小組討論的活動，教師介入各小組的活動，以便適時提供協助或解除小組之間不愉快的氣氛及幫助小組形成確實的研究計畫。

四‧教師觀察記錄各小組互動的狀況，並分別在每次活動中，記錄每個成員在組內與人互動的情形，做為最後評分的參考依據。

主題：小小研究家	目標：實地研究

壹·引言：

小朋友，當每個小朋友都已經了解該組所要進行的主題，也將小組的每一位成員擔任的工作都分配好後，我們下一個要進行的活動就是準備著手展開各小組的研究活動，想一想怎麼樣讓活動進行順利，尋找問題的答案，老師想：你們一定很希望趕快知道有關電動玩具的問題，只要你們分工合作，把自己所分配到的工作做好，並能一起討論，溝通彼此的想法，一定能在預定時間完成你們的專題研究。

貳·教學活動：

一·各小組分別進行組內的活動

　1. 針對有關電動玩具所蒐集到的資料進行討論，共同選擇並分析資料，淘汰無關的資料。

　2. 決定用何種方式進行探究，例如：想要調查是男生還是女生喜歡打電動玩具？小組共同討論方法及使用的工具，如用問卷，則須討論問卷的內容及如何設計問卷的題目（可請教老師或尋求其他資源）。

　3. 若要進行問卷調查，小組成員必須分工去聯絡協調時間。

　4. 教師可從旁協助將問卷修改，並請同學提出寶貴的意見互相交換心得，使研究在互動中進行。

二·各小組進行研究活動

　1. 根據工作單所分配的工作進行研究活動，有困難可請求其他成員幫忙。

　2. 活動進行一段落，小組成員互相討論並分享彼此的經驗。

　3. 研究期間遭遇問題，小組成員再討論以找出解決的方法。

主題：同心協力	目標：準備最後報告

壹・引言：

　　小朋友，經過前兩次進行活動後，你們每一小組都蒐集了很多資料，那些資料可能是非常重要的訊息，但它也可能是較零散的，這時你們必須靠你們小組的力量，共同討論去將這些資料整理成有意義的結果，這些結論就可以解決你們研究的問題，也可以幫你解答心中的疑問。三個臭皮匠勝過一個諸葛亮，相信結合你們小組的力量，必能有一個滿意的結果。

貳・教學活動

一・教師說明這二次活動是一個很重要的階段，必須靠小組每位成員將前二次探究活動所蒐集到電動玩具的有關資料，整理成有意義的結果，來解答你們所要研究的問題。

　1. 資料都是零散的，看不出結果。假如你的小組所進行的是訪問其他老師為什麼不喜歡你們打電動玩具，這時必須將訪問的結果做歸納，並呈現你們整理出來的成品。

　2. 組織小組的指導委員會，每一組派一名參加，組成的委員會，必須去檢查各小組所進行的活動。其內容包括：

　　• 每一位組員是否都有參與小組的工作？

　　• 小組所提出來的結論是否實在？

　　• 所用的工具和資料都是需要的？

二・小組各自活動，小組的成員進行討論、溝通並推派一位代表組成指導委員會。

三・每個小組將自己小組的資料進行討論並整理出一個結論。

四・小組討論該如何回答小組指導委員會所提出的各項問題。

主題：辛苦的成果	目標：呈現最後報告

壹·引言：

　　小朋友，本次的活動是呈現你們各組所探究的結果，很高興你們經過這麼多的努力，大家都非常合作，希望把最好的成品展現給大家，尤其這些資料都非常寶貴，也都是靠小組每位同學的分工才有今天的成果，這裏要說明的是各小組成果的展現方式，由各小組自行討論決定。可用黑板或是視聽器材甚至用圖畫或相片來呈現小組的成品，只要你能在規定的時間內，讓其他小組的同學也能了解你們所做的研究就可以了。

貳·教學活動

一·教師說明本次活動主要目的是要呈現各組努力的成果，每組必須利用小組報告的時間將小組所研究的結果以自己小組設計的方式展現，一組以不超過十分鐘為原則。每一組的組員都需要為小組報告擔任一項工作，以達到分工合作的效果。

二·每一組分開討論小組報告的方式，方式由小組自己設計。

三·每組展現的方式如：（提供參考）

　1.採用一問一答方式。

　2.進行辯論方式，以增加對問題探究的深度。

　3.可用小考方式，進行有獎問答。

四·進行小組呈現結果的活動，所使用的圖畫或照片力求鮮明清楚。

五·每一小組報告時，其他小組必須記錄該組報告的結果，若有疑問可舉手發問問題，報告的小組必須解答，如仍有爭論，教師可介入以回答他們的問題。

主題：比比看	目標：評鑑小組的成果

壹‧引言：

　　小朋友，本次活動是最後一次活動，我們從一連串的探究活動中，學習到當我們碰到問題時，該如何計畫研究過程，找尋研究的工具，而得到最後的結果，以解決我們的問題。這是一段學習的歷程，雖然這其間碰到了很多困難，由於小組共同努力，且能分工合作相互勉勵，最後也到達了目的。但最重要的是：我們學到了解決問題的方法，但再碰到新的問題也同樣能夠想辦法解決，才是我們探究活動的目的。而這最後一次的活動就是要評鑑你們努力的成果，希望能提供你們最好的建議。

貳‧教學活動

一‧教師和學生共同設計評鑑的方式和表格，以利評鑑的順利進行。

二‧教師說明評鑑活動的項目。包括：

　1. 研究的結果及應用。

　2. 小組分工合作的情形。

　3. 小組成員對小組的貢獻。

　4. 小組是否有支援其他小組的情形。

三‧評鑑活動的進行，各組皆對其他小組做一評鑑，並加上老師所評的分數，做為最後的總分。

四‧教師表揚小組表現最優異的一組及各小組成員中對小組貢獻最多的組員。

五‧教師做最後的總結，並請每位同學談談經過這探究活動後的感想或在這次活動後的最大收穫。

附錄四　創造性問題解決教學設計(張世慧提供)

主題：感覺問題與挑戰(改進房屋)	目標：協助學生，了解幾乎任何一件事都可以比原來做的更好

一、概說

　　假設有人曾對你說，你有使房屋改進嗎？他們真正想對你說什麼呢？改進房屋就是指你需要做些比現在正在做的更好。另一種看法是我們都能使房屋進步，做得更好。那是為什麼你要上學的原因，今天我們將要來檢出一些事來，我們要來巡繞一下教室，看看我們是否能發現一些改進房屋的事來。

二、學習指導

　　從你現在坐的地方，開始在房間的角落，輕聲地辨認你所看到的東西。當你在辨認時，問問自己，這些事需要改進嗎？如果需要改進，就把它列在左欄，完成之後，再到右欄回答問題。為什麼它需要改進？指著例子，同時回答可能產生的問題。（提供學生時間，完成作業）接著，請學生檢視自己的列舉事項，找出最需要改進的一件事。準備說明為什麼這件事需要改進，以及你如何改進它。

三、處理

　　1.要求學生報告他們選擇最想改進房屋的項目，增強幾乎任何事都可以做得更好的觀念。

　　2.要求學生列舉想要做得更好的事物。

主題：發現事實(不尋常的動物)	目標：提供學生尋求特定事實之機會，來解決問題

一、概說

　　描述某件事，有助於我們對某事的了解。例如，假如我要求你描述你的鉛筆。你必須注視它，並說明它像什麼，甚至一切。誰願意舉起他的鉛筆，對著班上描述？而描述一枝鉛筆，你可能發現一些你以前不知道的事實。

二、學習指導

　　這是一枝非常不尋常的動物，注視圖片，你能記得關於這隻動物的那些事實。

　　假如你是一位動物園管理員，讓動物活得更好是你的工作。你想要知道做些什麼嗎？可以問問題，以獲得資料。例如：它吃什麼？

三、處理

　　1.要求學生使用第一部分資料，描述動物，給動物取名。

　　2.角色扮演「動物管理員和動物專家」。管理員問有關動物的問題，而專家解答。

　　3.教師的問題：你認為你對這隻動物了解多少？你喜歡這隻動物嗎？你為什麼喜歡或不喜歡它？這隻動物會成為寵物嗎？說明你為什麼這麼想。

　　4.比較這隻動物與其他動物的特性。選擇三隻其他動物是不是尋常動物的遠房親戚。

主題：發現問題(關在門外)	目標：提供學生使用想像力，辨認問題情境中的許多次要問題

一、概說

　　或許你曾經聽到某人說：「壞運接著來」，這是指當某件事發生錯誤時，你可以找出更多錯誤來。這是事實，當你有一個問題時，其他許多事可能都會搞亂了。

二、學習指導

　　門上通知單寫著：「我們大約六小時回來」，當小明閱讀這張通知時，發現她的鑰匙放在桌上，她被關在門外了。

　　想要進入房子與被關在門外六小時，就是一件問題，由於被關在門外，可能發生許多其他的問題，運用你的想像力，想想這些問題可能是什麼？

　　這裏有些實例：

你可能感冒

會下雨

你的冰淇淋桶會融化

你承諾打電話給小明

　　現在列舉一些你能夠想到的問題

三、處理

　　1. 要求學生分享他們列舉的可能解決。可以問「如果你被鎖在外面，且真正有困難，你首先最想解決的是那一個問題？爲什麼你選這個問題先解決？

　　2. 讓學生回憶起關在門外的經驗，以及形成的許多次要問題。問那一個問題你最先解決？爲什麼？

主題：發現構想(一件東西)	目標：提供學生運用想像力，產生創造性想法之機會

一、概說

　　你曾經說過多少次「我有一個想法」呢？這表示你正在尋找一種做事或解決問題的方法。當你和他人分享想法時，是否有人說「那是愚蠢的，或不值得去做」？然而，有時新奇的想法聽起來是瘋狂的，但要記得新奇想法常常可提供解決真正問題的方法，讓我們發現你可以產生多少新奇的想法。

二、學習指導

　　有位瘋狂的發明家，創造了「這件東西」，但他不知道如何使用，讓我們協助發明家，替這件東西，想一些用途，讓你的想法像他的發明一樣地瘋狂。這件東西可以用來：

　　例子：用力踏木板，嚇跑小偷(夜賊)

　　第一部分完成後，可繼續第二部分，你的想法，是不是可以組合，創造出新的想法呢？寫下來。

三、處理

　　1.要求學生計算他們的想法，要求分享他們最好的想法，要求尚未提到的想法，要求組合想法。

　　2.讓學生了解荒謬的想法，須直到我們運用，才會有價值，我們才常可以產生協助我們解決問題的想法。

　　3.思考兩件東西，如果組合起來，可產生新的用途。

　　4.想想商店中，代表一種組合用途的東西。

　　5.討論如何使荒謬的想法，付之實行。

主題：發現解決問題的方法（構想報告卡）	目標：提供學生運用評鑑標準的經驗，發現有希望的問題解決經驗

一、概說

　　誰是班上最快的跑者？你可能認爲你知道答案，但你也可能不正確，爲了發現最快的跑者我們必須進行一場比賽（競爭），同時確立一些測量的標準。例如我們可以問，誰是五十公尺衝刺？100 公尺衝刺？400 公尺衝刺或 1000 公尺最快的跑者。你看這有點複雜。而當我們想要發現那一個想法最好時，也是有點複雜。可用些方法做，讓我們立即試一試？

二、學習指導

　　當事情有時進行不順遂時，或大人頭痛時，我們說他們有痛苦的一天，當大人有痛苦的一天時，他們可能變得怨煩，且有時對兒童出氣。爲了避免被出氣，你必須產生一些想法。現在給你的想法評定等級的時候，看看那種想法最好，提示活動頁，要求學生，當你朗讀報告卡評量表現與記憶報告卡指導語時，和你一起閱讀，可以要求學生讀創造性想法（creative ideas）並測量之。提供時間，給學生記錄報告卡與注意評定不同量表的等級。

三、處理

　　1.討論每一個想法的評定

　　2.假如你選擇做那種想法，結果會造成什麼？

　　3.輕率的決定是什麼？如何避免輕率決定？

主題：接受發現的解決方法（正確的順序）	目標：提供學生參與實施構想的機會

一、概說

有句俗話說：「別操之過急」。這句話是什麼意思呢？你是否同意不去想尚未發生的事件呢？

讓我們來看看，假如我們有一個構想，想要付之實行，它應該如何來進行呢？

二、學習指導

你的鄰居是超級市場的管理員，當他在上午 11:30 到家用餐時，他告訴你，在下午 2 點之前，他需要紅色美味的蘋果，假如你能夠給他蘋果，他將付你每個蘋果十元的代價，想了一會後，你同意給他蘋果，同時準時送貨。

這兒是你的計劃：在樹上有許多新鮮的紅蘋果，如果你要求一些朋友，請他們坐在枝幹上，丟蘋果給你接住。如果你每個蘋果付他們三毛，仍然可以獲得一些錢，同時將蘋果準時在下午 2:00 送到超級市場。

如果你能付之實施，這是一個好的計劃，爲了付之實施，你必須有個組織完密的計劃，必須按順序安排事物，閱讀這些列舉事項之後，增加一些遺漏的事項，然後設定一個數字在每項之後，表示你要進行的順序。數字1.表示首先要做的，2.表示第二要做的，設定所有列舉項目。同時準備解釋事情之順序。

三、處理

1.要求學生朗讀他們事情的順序，以及增加的項目。

2.要求其他學生挑戰已經提出事情的順序。

主題：創造性問題解決過程	目標：小朋友能瞭解並實際運用創造性問題過程，來解決問題

活動內容

一、要點：瞭解、討論且能實際運用創造性問題解決過程

二、教學活動：

　　各位小朋友，當我們面對問題的時候，解決的方式或過程，可能有很多，但現在我們要來學習一種創造性問題解決過程，這個過程可以和我們前面學到的訓練方法，諸如腦力激盪、檢索表和屬性列舉等結合，而幫助我們獲得創造性且有效的問題解決方法。

　　接著詳細的介紹創造性問題解決過程，（以實際例子進行說明——我如何蒐集報告的資料）

1. 感覺問題與挑戰

2. 發現事實

3. 發現問題

4. 發現構想

5. 發現解決的方法

6. 接受發現的解決方法

　　最後，以分組的方式，讓小朋友實際運用這種過程，解決問題，同時分享彼此的解決情形。

評量重點：

　　能說出創造性問題解決的過程及意義，如何運用。

主題：創造性問題解決過程	目標：小朋友能瞭解並實際運用創造性問題過程，來解決問題

活動內容

一、要點：瞭解、討論且能實際運用創造性問題解決過程

二、教學活動：

　　各位小朋友，當我們面對問題的時候，解決的方式或過程，可能有很多，但現在我們要來學習一種創造性問題解決過程，這個過程可以和我們前面學到的訓練方法，諸如腦力激盪、檢索表和屬性列舉等結合，而幫助我們獲得創造性且有效的問題解決方法。

　　接著詳細的介紹創造性問題解決過程，（以實際例子進行說明——我如何蒐集報告的資料）

1. 感覺問題與挑戰

2. 發現事實

3. 發現問題

4. 發現構想

5. 發現解決的方法

6. 接受發現的解決方法

　　最後，以分組的方式，讓小朋友實際運用這種過程，解決問題，同時分享彼此的解決情形。

評量重點：

　　能說出創造性問題解決的過程及意義，如何運用。

附錄五　心像法　單元教學活動設計(吳淑敏提供)

主題：飛行計畫	目標：提供學生運用心像思考的機會

活動內容：

　　在班級進行飛行經驗的討論，然後導入飛行計畫的心像活動。

　　注意教學時要提供看的時間。當出現三個點(…)時，暫停一下，允許學生完成視覺化的工作。

一、引言

　　有沒有人曾經搭乘過小飛機？你能告訴我們有關的經驗嗎？

　　有沒有人曾經搭乘像噴射機的大飛機？告訴我們從你步入機艙那一刻起的所有事情。(準備問一些關於安全帶、廣播、高度、飛行速度，和地面上能看到什麼？等問題)

二、教學活動

　　問：「在高空速進的感覺像什麼？有那些字可以描述那種感覺？」將這些字列在黑板上。

　　然後，引導學生討論在噴射機上人們做些什麼來打發時間？問：「飛行時，人們如何打發他們的時間？飛機上有什麼事可做？」(反應可能包括：閱讀、睡覺、做某些事、和別人談話及思考等。)

　　「即將著陸時，飛機上的機員會對你說什麼或做什麼？你如何知道你的飛行員正帶你返回地面？」接下來問：「當你的飛機接觸地面時，你如何知道？」

　　「當你的飛機行駛到機門處停下來時，人們可能說什麼或做什麼？」

　　接下來的活動，我們將試探我們的心靈之眼「看東西」的程度如何。我們將進行飛行計畫，我會建議一些事物讓你們看。如果你看見這些事物，請舉起你的手一點點；如果你看得非常清楚，請將你的手舉得更高。

　　現在：「端坐在你的椅子上，腳放在地板，手放腿上，眼睛閉起來，並且完全安靜下來。」教師閱讀飛行計畫指導語的步驟二，在步驟二，說：「當我計數時，我們在心中跟著默數。每一數，就深呼吸一次，然後讓它盡情地去想像。」繼續步驟三，然後說：「注意聽並且看以下的事物：

　　看一張椅子，任何椅子……透過雲層看月亮……

　　看一隻猴子爬……看一隻奔馳中的綠色長頸鹿……

　　看你最喜歡的食物……嚐你最喜歡的食物……

　　現在我希望你看一個不尋常的暴風雨（停一下）。下起綠色的冰塊。停留在那兒並注意看，當它們碰到地面時發生什麼事情？（允許更多時間）

　　繼續飛行計畫，從步驟五開始。再向學生說：「當我計數時，你們在心中跟著默數。每一數，就深呼吸一次，然後讓它盡情地去想像。」繼續步驟六。

三、寫在飛行日誌裏……

　　使用飛行日誌，引發學生討論此活動。當學生分享他們的經驗時，讓他們答辯思肯博檢核表上的問題。結束討論，並預示進一步的思肯博活動將引導他們進入更美妙的思想和想像的世界。

參考書目

外文部分

Betts, G. T., & Knapp, J. K. (1981). Autonomous learning and the gifted. In A. Arnold et al. (Eds.), *Secondary programs for the gifted/ talented*. Ventura, CA: Office at Ventura County Superintendent of Schools.

Bloom, B. S. (1956). *Toxonamy of educational objectives, handbook I, cognitive domain*. New York: Longman.

Borkowski, J. G. (1981). *Sign of intelligence: Metacognition & strategy generalization*.

Borkowski, J. G., & Konarski, E. A. (1981). Educational implications of effort to train intelligence. *The Journal of Special Education, 15*(2), 289-305.

Brandwein, P. (1971). *The permanent agenda of man: The humanities*. New York: Harcourt, Brace, and Jovanovich.

Burns, J. M. (1978). *Leadership*. New York: Harper Colophon Books.

Carin, A., & Sund, R. B. (1978). *Creative questioning and sensitive listening techniques: A self-concept approach* (2nd ed.). Columbus, Ohio: Charles E. Merill.

Clark, B. (1983). *Growing up gifted: Developing the potential of children at home and at school* (2nd ed.). Columbus, Ohio: Charles E. Merrill.

Eisner, E. W., & Vallance, E. (Eds.). (1974). *Conflicting conceptions of curriculum.* Berkeley, CA: McCutchen.

Ennis, R. H. (1962). A concept of critical thinking. *Harvard Educational Review, 32,* 81−111.

Ennis, R. H. (1985). A logical basis for measuring critical thinking skills. *Educational Leadership, 43* (2), 44−48.

Fantini, M. D. (1981). A caring curriculum for gifted children. *Roeper Review,* 3 (4), 3−4.

Feldhusen, J., & Kolloff, M. (1978). A three stage model for gifted education. *G/C/T 1:* 53−58.

Franks, B., & Dolan, L. (1982). Affective characteristics of children: Educational implications. *Gifted Child Quarterly, 26,* 172−178.

Gardner, H. (1980). *Artful scribbles: The significance of children's drawings.* New York: Basic Books.

Gardner, H. (1985). *Frames of mind.* New York: Basic Books.

Guilford, J. P. (1967). *The nature of human intelligence.* NY: McGrew-Hill.

Firestien, R. L. (1993). The power of product. In Isaxsen, S. G. (Ed.) *Nurturing & developing creativity: The emergence of a discipline* (pp. 261−277). NJ: Ablex.

Hass, G., Bondi, J., & Wiles, J. (1974). *Curriculum planning*

Boston: Allyn and Bacon.

Hollingworth, L. (1926). *Gifted children*. New York: World Book.

Hollingworth, L. (1942). *Children above 180 I. Q.* New York: World Book.

Howley, A., Howley, C. B., & Pendarvis, E. D. (1986). *Teaching gifted children*. Boston: Little, Brown & Conyoang.

Isaken, S. G. (1992). *The emergence of a discipline issues & approach to the study of creativity*. NJ: Ablex.

Johnson, R. T., & Johnson, W. (1989). Toward a cooperative effort: A response to slavin. *Educational Leadership*, 46(7), 80–81.

Kaplan, S. (1977). Providing programs for the gifted of talented: A handbook. *The Council for Exceptional Children*. Reston, Virginia.

Karnet, M. B., & Strong P. S. (1978). *Naturing leadership talent in early childhood*. IL: Illinois University. (ERIC Document Reproduction Service No. ED 161 532)

Kemp, J. E. (1977). *Instructional design*. Belmont, CA: Pearson, Pitnam.

Kohlberg, L. (1964). Development of moral character and moral ideology. In M. L. Hoffman and L. M. Hoffman (Eds.), *Review of Child Development Research*, 1, 383–431, New York: Russell Sage Foundation.

Krathwohl, D. R., Bloom, B. S., & Masia, B. B. (1964). *Taxnonmy of educational objectives, handbook II, affective domain*. New York: David McKay.

Linda, A. (1980). Building a curriculum to train leadership ability of gifted: Our Future. *Proceedings of Annual Northern Virginia Conference on G/T Education.*

Lum, M. S. (1988). *Gifted population and adjustment.* (ERIC Document Reproduction Service No. ED 301 023)

Osborn, A. (1963). *Applied imagination.* NY: Scribners.

Maker (1982). *Teaching models in education of the gifted.* MD: An Aspen Publication.

Maker, C. J. (1982). *Curriculum development for the gifted.* Rockville, MD.: Aspen

Parnes, S. J. (1967). *Creative behavior guidebook.* New York: Scribners.

Parnes, S. J. (1977). Guiding creative action. *Gifted Child Quarterly, 21*, 460−476.

Passow, H., et al. (1982). *Differentiated Curricula for the Gifted/Talented.* Committee Report to the National/State Leadership Training Institute on the Gifted and Talented. Ventura County, CA: Office of the Superintendent of Schools.

Passow, A. H. (1987). Issues and trends in curriculum for the gifted. *Gifted International,* 4.

Phenix, P. (1964). *Realms of meaning.* New York: McGraw-Hill Co.

Provus, M. (1971). *Discrepancy evaluational program improvement of assessment.* CA: McCutchan Publishing.

Reis, S of Renzualli, J. (1991). The reform movement and the quiet criss in gifted education. *Gifted Child Quarterly,* 35 (1), 26–3.

Renzulli, J. S. (1977). *The enrichment triad model: A guide for developing defensible programs for the gifted and talented.* Wethersfield, CT: Creative Learning Press.

Renzulli, J. S. (1978). What makes giftedness? Reexamining a definition. *Phi Delta Kappan, 60,* 180–184.

Ross, J. A. & Maynes, F. J. (1982). Teaching problem-solving. Canada: OISE Press.

Sellin, D. F., and Birch, J. W. (1980). *Educating gifted and talented learners.* Rockville, MD: Aspen.

Spearman, C. (1927). *The abilities of man.* New York: Macmillan.

Stake, R. E. (1967). Toward a technology for the evaluation of educational program. In R. W. Tyler (Ed.), *Perspectives of curriculum evaluation.* Chicago: University of Chicago Press.

Sternberg, R. J. (1985). *Beyond IQ: A triarchic theory of intelligence.* New York: Cambridge University Press.

Stop, J. (1983). *Counseling needs of the gifted.* Unpublished Research. University of Denver.

Stufflebeam, I. L. (1971). *Education evaluation and decision making.* IL: F. E. Peacock.

Taba, H. (1962). *Curriculum development.* New York: Harcourt, Brace, & World.

Tannenbaum, A. (1983). *Gifted children.* New York: MacMillan.

Tayler, P. A. (1972). *Reading in curriculum evaluation.* IA: William & Brown

Tyler, R. (1949). *Basic principles of curriculum and instruction.* Chicago: University of Chicago Press.

Treffluger, D. J. (1976). Self-directed learning. In C. J. Maker (Ed.), *Teaching models in education of the gifted.* An Aspen Publication.

Torrance, E. P. (1962). *Griding creative talent.* Englewood Cliffs, NJ: Prentice-Hall.

Thurstone, L. L. (1938). *Primary mental abilities.* Chicago: University of Chicago Press.

Van Tassel-Baska, Feldhusen, J., Seeley, K., Whealley, G., Silvenman, L., & Foster, W. (1988). *Comprehensive curriculum for gifted learners.* Boston: Allyn & Bacon.

Van Tassel-Baska, J. (1987). The case for the teaching of Latin to the verbally talented. *Roeper Review, 9* (3),

159－161.

Wiles, J. & Bondi, J. (1993). *Curriculum development, a guide to practice* (4th ed.) Columbus: Merrill Publishing.

Williams, F. E. (1970). *Classroom ideas for encouraging thinking and feeling.* Buffalo, NY: D. O. K. Publishers.

中文部分

毛連塭等編譯（民 76）　資優教育教學模式。台北：心理。

毛連塭（民 76）　綜合充實制資優教育。台北：心理。

毛連塭等編譯（民 78）　資優學生課程發展。台北：心理。

司琦（民 78）　課程導論。國立編譯館。

吳淑敏（民 83）　創造性問題解決之心像教學方案對國小資優班學生問題解決能力、創造力、自我概念及認知風格之影響。台灣師大：碩士論文。

溫怡梅（民 76）　領導才能訓練課程對國小智能優異學生正向自我概念、創造力與領導能力之影響，台灣師大：碩士論文。

盧台華（民 76）　如何訓練資優學生的領導才能。收錄於資優學生創造力與特殊才能。台北：心理。

張世慧（民 77）　創造性問題解決方案對國小資優班與普通班學生創造性問題解決能力、創造力和問題解決能力的影響。台灣師大：碩士論文。

鄭月嬌（民 83）　小組探究式合作學習法對國小資優生專題研究成果、問題解決能力及合作技巧的影響，北市師院：碩士論文。

劉秋燕（民 83）　國小特殊才能資優學生工作承諾及相關因素之研究。台灣師大：碩士論文。

索引一

圖　次

索引二

表　次

索引三

本書要目索引

（首依筆劃，次依部首排列）

國家圖書館出版品預行編目資料

資優教育：課程與教學／毛連塭著.
--初版.--臺北市：五南，1995〔民84〕
面；　公分
參考書目：面
ISBN 978-957-11-1083-7（平裝）
1.資賦優異教育
529.61　　　　　　　84012261

1IY3
資優教育—課程與教學

作　　者 — 毛連塭
發 行 人 — 楊榮川
總 編 輯 — 王翠華
主　　編 — 陳念祖
出 版 者 — 五南圖書出版股份有限公司
地　　址：106台北市大安區和平東路二段339號4樓
電　　話：(02)2705-5066　傳　真：(02)2706-6100
網　　址：http://www.wunan.com.tw
電子郵件：wunan@wunan.com.tw
劃撥帳號：01068953
戶　　名：五南圖書出版股份有限公司

台中市駐區辦公室/台中市中區中山路6號
電　　話：(04)2223-0891　傳　真：(04)2223-3549
高雄市駐區辦公室/高雄市新興區中山一路290號
電　　話：(07)2358-702　傳　真：(07)2350-236

法律顧問　林勝安律師事務所　林勝安律師

出版日期　1996年 1 月初版一刷
　　　　　2014年 3 月初版十刷
定　　價　新臺幣405元